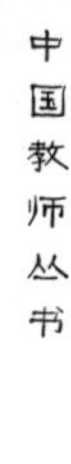

现代教育技术：走向信息化教育

邓宗勇 编著

图书在版编目（CIP）数据

现代教育技术：走向信息化教育 / 邓宗勇编著. —
北京：北京教育出版社，2019.8

（中国教师丛书）

ISBN 978-7-5704-0376-9

Ⅰ. ①现… Ⅱ. ①邓… Ⅲ. ①教育技术—信息技术—研究 Ⅳ. ①G43

中国版本图书馆 CIP 数据核字（2018）第 133279 号

中国教师丛书

现代教育技术：走向信息化教育

邓宗勇　编著

*

北京出版集团公司
北京教育出版社 出版

（北京北三环中路 6 号）

邮政编码：100120

网址：www.bph.com.cn

北京出版集团公司总发行

全国各地书店经销

天津兴湘印务有限公司印刷

*

710×1000　16 开本　8 印张　100 千字

2019 年 8 月第 1 版　2019 年 8 月第 1 次印刷

ISBN 978-7-5704-0376-9

定价：24.00 元

质量监督电话：（010）58572393　58572817　58572750

前　言

时代发展趋势促使我们提出了科教兴国和人才强国的战略，在此方针指导下，新课程改革已经轰轰烈烈地开展了起来，并取得了巨大的成绩。新课程旨在“提高人文素养，提高人的整体素质”，这对教师的素质提出了更高的要求。教师应打破旧有的思想观念，树立先进的教育教学思想，从旧有的传统经验型教师向学习型教师转变，即教师应从更新的角度、从更深的层次上认识自己的角色和所担负的历史使命。教师不仅要做知识的传递者、学生智力的开发者，更要做学生道德的引导者、心灵的开拓者、思想的启迪者和精神的塑造者。

为了更好地帮助教师完成这一角色的转变，我们编写了这套丛书。本套丛书涉及新时期教育理念、教学方法、教学组织、教学管理、教学策略、教育技术、信息化教育、班主任工作、师生沟通技巧、教师教态等各方面的内容，力图全面展示新时期教育的发展现状及其对教师素质的要求，希望它能对教师的教育教学有所帮助。

鉴于自身水平的局限，书中难免会有一些疏漏。因此，望各位同仁、广大师生和热爱教育事业的朋友不吝赐教，共同为我国的教育事业尽一份力。

编者

2018 年 3 月

目　录

第一章　教育信息化概述

第一节　教育信息化

理论上讲,当前学生的学习方式大体上可分为两大类:接受式学习和发现式学习。从现实教育来看,接受式学习是我国学生主要的学习方式。随着教育教学改革的不断深入,接受式学习越来越受到人们的批判,而发现式学习日渐得到广大教育教学工作者的青睐。

发现式学习在我国兴起比较晚,而且相关理论和实践研究都不够成熟,真正的发现式学习不能有效实施。其原因是多方面的,突出表现在这样两个方面:一是发现式学习的主客观条件不具备,不能保证发现式学习成为一种有意义的学习方式。比如学生的心理准备不足,学生缺乏一定的认知水平和技能技巧,或采用了不适合于用发现式学习法学习的知识内容,等等。这种不顾条件限制、盲目推崇发现式学习的方法,其知识获得与思维发展的教学目标只能成为一张空头支票。二是人们对发现式学习的本质规律缺乏认识,相应的学习手段、方法运用不当,造成发现式学习方式的低效。

教育信息化具有重要的作用,它是国民经济和社会信息化的重要组成部分,是推动教育面向现代化、面向世界、面向未来,实现教育改革和跨越式发展的重要战略举措。自2001年我国发布《教育信息化“十五”发展纲要》以来,全国上下掀起了教育信息化建设的热潮,在经费投入、建设规模、软硬件平台、技术应用等方面都取得了实质性的进步。教育信息化带动了教育现代化和信息化教育的发展。在这种大好形势下,我们有必要在总结经验的基础上,从理论上、体制上、过程和策略上科学地、系统地深化对教育信息化的认识,努力做到求真务实、科学发展,使我国的教育信息化事业能够快速、健康、高效地发展下去。

一、教育信息化的基本概念

1.国家信息化

国家信息产业部前副部长吕新奎在其主编的《中国信息化》一书中指

出:“根据1997年4月召开的全国信息化工作会议的精神,国家信息化的定义是:在国家统一规划和组织下,在农业、工业、科学技术、国防及社会生活各个方面应用信息技术,深入开发、广泛利用信息资源,加速实现国家现代化的进程。”并指出作为人类现代社会发展进程的“信息化”的基本内涵:“信息化是人类社会发展的一个高级进程,它的核心是要通过全体社会成员的共同努力,在经济和社会各个领域充分应用基于现代信息技术的先进社会生产工具,创建信息时代的社会生产力,推动社会生产关系和上层建筑的改革,使国家的综合实力、社会的文明程度和人民的生活质量全面达到现代化水平。”2002年10月22日国家信息化领导小组批准颁布的《国民经济和社会发展第十个五年计划信息化重点专项规划》中指出:“信息化是以信息技术应用为主导,信息资源为核心,信息网络为基础,信息产业为支撑,信息化人才为依托,法规、政策、标准为保障的综合体系。”

从国家信息化的基本含义中我们看出:国家信息化是由国家组织领导的、全体社会成员(包括政府、企业、事业、团体和个人)为主体的、以加速国家现代化为目的的信息技术推广应用活动。信息化的时域是一个长期的过程;其空域是政治、经济、文化、军事和社会的一切领域;其手段是应用基于现代信息技术的先进社会生产工具;其途径是通过发展和应用信息技术大力开发利用信息资源,创建信息时代的社会生产力,推动社会生产关系及社会上层建筑的改革;其目标是使国家的综合实力、社会的文明素质和人民的生活质量全面达到现代化水平。信息化是一个包括信息技术应用、信息资源、信息网络、信息技术和信息产业、信息化人才、信息化政策、法规和标准规范等六要素的综合体系。六要素之间是相互依存、相互支持的关系,必须统筹规划、全面建设、协调发展才能实现国家信息化的伟大理想。

2.通俗信息化

人们对国家信息化的概念进行了引发和派生,从而产生了各种各样的信息化概念,我们把其中的一部分称为“通俗信息化”。所谓“通俗信息化”是指人们通常从不同领域、不同视角、不同情况下非严格意义解释的信息化概念,主要有以下几种说法:

(1)从信息科学技术应用的角度对信息化进行解释。信息化是信息科学技术在政治、经济、文化、军事和社会一切领域的普遍推广应用。

(2)采用具体信息技术对信息化进行解释。这种解释认为,“信息化就是指计算现代化、通信现代化、网络技术现代化”“信息化就是电脑化、网络化、智能化”“信息化就是数字化”等。从信息化基本建设的意义上解释信息化,如信息化校园、信息化城市、信息化社区等说法中的“信息化”,实际上指的是信息化的建设对象或地域。

3.教育信息化

我国的教育信息化始于1978年振兴电化教育。邓小平同志作出指示,"在计划、银行、商业、企业、学校等部门,都应该应用电脑",使用电脑进行教学被列入了电化教育的规划发展要点。而"教育信息化"的说法大约出现于20世纪90年代中期,它是在国家信息化概念的基础上建立起来的,被用来表述一种新兴的现代教育体系。它是国家信息化的一个分支系统,具有国家信息化的共性和自身的特性,也是国家信息化建设的基础。

通过国家信息化的定义我们知道,所谓国家教育信息化,指的是在国家统一规划和组织下,在教育领域的各个方面应用现代信息技术,深入开发、广泛利用信息资源,加速实现国家教育现代化的进程。

南国农先生在《教育信息化建设的几个理论和实际问题》一文中对教育信息化的定义是:"所谓教育信息化,就是指在教育中普遍运用现代信息技术,开发教育资源,优化教育过程,以培养和提高学生的信息素养,促进教育现代化的过程。"该文对教育信息化建设进行了比较全面、系统的论述。

二、教育信息化的基本内容

我国的教育信息化大体上由三个体系构成:一是国家教育信息化体系;二是教育信息化工作体系;三是教育信息化指标体系。

(一)国家教育信息化体系

国家信息化领导小组提出了国家信息化体系六要素,下面是对这六要素的阐述:

要素1:信息技术应用。这是国家教育信息化体系中最重要的部分,也是信息化建设的主阵地。教育信息技术应用要在教育科学、信息科学理论的指导下,按照一定的教育目标、教育原则和教育计划,运用现代信息技术进行教育教学活动。网络化教育、现代远程教育、多媒体化教学、虚拟现实教学和网上学习、数字化学习、信息技术与课程整合等都是信息技术应用的重要领域。

要素2:信息资源。信息资源、材料资源和能源资源被称为国民经济和社会发展的三大战略资源。运用信息技术开发、利用信息资源是国家信息化建设的核心。人们对信息资源这一概念的认识不完全相同。原国家信息中心总经济师乌家培教授说:"对信息资源有两种理解:一种是狭义的理解,即仅指信息内容本身;另一种是广义的理解,指的是除信息内容外,还包括与其紧密相联的信息设备、信息人员、信息系统、信息网络等。"

(肖明编著《信息资源管理》第 23 页)国内外研究信息资源管理的大多数专家都认为,应该从狭义和广义两种角度来认识和理解信息资源的含义(同上)。教育信息资源按获取教育信息的方式分,有视觉信息资源(如书本、文献、实物等)、听觉信息资源(如唱片、录音磁带、MP3 等)、视听信息资源(如影片、电视录像片、光盘等)和触觉信息资源(如盲文读物)四种。信息化教育主要研究多媒体信息资源、电子出版物和网络信息资源的开发利用。信息资源以其共享性、动态性、可再生性和无限性等特殊的性能优势,可以为人类社会的经济、政治、军事和文化教育等产生低损耗、高效益的服务。

要素 3:信息网络。它被认为是信息资源开发利用和信息技术应用的基础,是信息传输、交换和共享的必要手段。信息网络包括数字化信息互联网、信息发布平台、编辑制作系统、信息集成界面、传播通道和接收终端等要素。信息网络除具有传统的报刊、广播、电视等媒体的功能外,还具有交互、即时、延展和融合等全新的、特殊的总体功能。它应用于教育,产生了教育的信息化革命,开创了教育的网络化、全球化、个性化、大众化的新时代,推动了以学为主、终身学习的学习型社会的形成。目前的信息网络分为电信网、广播电视网和电脑网三种,三网交叉互补,将来发展为三网融合。

要素 4:信息技术和信息产业。它被称为信息化建设的基础。党的十六大报告中提出了"优先发展信息产业,在经济和社会领域广泛运用信息技术"的战略决策,突出显示了信息技术和产业的重要性。信息技术是一种技术体系,其中最重要的是传感技术、通信技术、电脑技术、微电子和软件技术等。教育信息技术有其共性和特殊的内涵,作者在《论教育信息技术》一文中作了专题论述。教育信息技术除了包括在教育中常用的电脑多媒体技术、电脑网络技术、卫星通信技术、广播电视技术等电子信息技术之外,还有传统教育信息技术、教育组织系统技术、教学系统方法和教育信息资源管理等类型。信息产业是研究、制造、供应信息技术与装备、信息产品与软件产品以及提供信息服务与信息安全保障的行业部门的统称。信息产业是国民经济的基础产业和支柱产业,被称为"朝阳产业"。同样,教育信息产业是教育信息化的基础和支柱。教育部门和教育工作者的主要任务是为信息技术和信息软件产品的研制、开发和生产服务。如:与学校共同编制出版信息化教育需求的电子教材,开发教学系统平台、教学软件工具、电子信息资源,等等,为学校提供教师培训、技术咨询、社会信息资源等高品质和专业化的服务。学校和社区教育的需求是个大市场。教育产业的市场运作对教育信息化发展起着重要的作用。胡小勇、祝智庭的《面向基础教育信息化的产/事业互动发展观》一文对教育信息化产业与事业的互动发展关系的论述具有重要的现实意义。

要素5:信息化人才。人才是事业发展成功的关键。同样,信息化人才也是信息化的关键。培养信息化人才,一是培养专业信息化人才,通过院校和专门培训机构,创办通信、电脑、电子技术等专业,培养工程师、技术员和掌握教育信息技术的教员;二是加速教师教育信息化建设,培养全体教育工作者的信息素养。教育部[2002]号文件《关于推进教师教育信息化建设的意见》中指出:“教师教育信息化既是教育信息化的重要组成部分,又是推动教育信息化建设的重要力量。”信息化人才的信息素质培养主要包括以下几个方面:

(1)不断增强信息化人才主体的信息意识,树立高度重视信息和信息技术的思想观念。能够从物质、能量和信息的全局上观察世界,用积极的态度和行动推动经济、政治、军事、科教、社会等领域的信息化。信息意识是人对信息和信息活动的态度控制系统,它的形成受社会因素、科学技术因素、经济因素及人的文化心理因素的影响。信息意识只有通过人的行为、语言及对信息的应变能力才能反映出来,能够推动或阻碍人们的信息活动,指导对信息的判断力和决策行动。

(2)不断丰富信息化人才主体的信息知识,提高其对信息的理论认识。信息知识是指与信息有关的理论知识。学习掌握信息知识是信息时代了解信息内涵、实现信息价值的要求,也是培养个人信息能力的基础。

(3)不断深化信息化人才主体的信息技术等应用技术,提高其信息能力。信息能力是人们从事信息活动所必须具备的技能和应有的素质,是现代创造型人才必须具备的能力。非信息专业人员应具有的信息能力主要包括信息获取能力、信息利用能力、信息识别能力、信息分析综合能力和信息的存储加工能力等。信息专业人员还要不断提高信息专业工程技术的实践能力和知识创新能力。

(4)不断扩展和强化信息化人才主体的信息功能。人的信息能力的基础除了信息意识、信息知识之外,还包括人体的信息功能。人体本身就是一部信息机器,人体各个器官能够产生和处理信息,如:感觉器官承担信息获取功能,神经网络承担信息传递功能,思维器官承担信息认知功能和再生功能,效应器官承担信息执行功能。人们在日常工作、学习和生活中就是依靠这些功能维持正常的信息活动的。人体的这些功能器官是先天就有的,但功能的好坏、强弱与后天的学习教育、体能锻炼和习惯养成有关。信息科学的基本功能就是使人们科学地认识世界,更有效地改造世界,包括改造人自身的内在世界。因此,利用信息科学技术增强和扩展人的信息功能是非常必要的。判断一个人的能力大小、贡献大小,其自身的信息素质是关键。为了扩展人的信息功能,人们创造发展了各种信息技术。如何增强和扩展人自身的信息功能,是一个非常重要的研究课题。除了将来通过基因工程技术从根本上改造人类之外,最为现实的办法还是运用信息科学技术的作用。如:借鉴感测与识别技术提高眼、耳、鼻、口、舌和皮肤获取信息的功能;学习通信和存储技术培养提高神经网络的信息传递功能;领会计算与智能技术(包括速算法、快速记忆法等)锻炼增强脑思维器官认知、处理加工、再生信息的功能;了解控制与显示技术增强人体效应器官的信息执行能力。信息技术本来就是人的脑外化技术或拟人、辅人技术,是用来扩展人的器官功能的。反过来,人们可以把它变成强化、优化人的本体功能的信息技术。从科学理论上说,这属于脑思维科学研究的范围;从实践上来说,通过教育,人人都可以学习、领会和掌握。人类在改造客观世界的同时改造着自己的主观世界,再推动客观世界的改造与发展。钟义信先生在《信息科学原理》一书中对通过"外在之物"和信息资源扩展人的信息能力和信息功能等问题有系统的论述。

要素6:信息化政策、法规和标准规范。它们主要被用来规范和协调信息化体系中各要素之间的关系,是国家信息化快速、持续、有序、科学发展的根本保障。20世纪90年代中期以来,我国党和政府颁布了一系列引导、鼓励和扶植信息化的政策性、法规性文件,积极推动信息立法工作,先后颁布实施了《商标法》《专利法》《著作权法》《计算机软件保护条例》《计算机软件著作权登记办法》《关于制作数字化制品的著作权规定》《计算机信息系统安全保护条例》等法律、法规,保障了信息化事业的顺利发展。教育部对教育信息化技术标准化工作极为重视,成立了教育部教育信息化技术标准委员会,组织指导研究、制定、推广与教育信息化相关的技术标准。教育信息化技术标准体系包含27项子标准,已经颁布了《教育资源建设技术规范》《学习对象元数据规范》《教育管理信息系统数据规范》《学习管理系统(LMS)规范》《平台与媒体标准引用组谱规范》《学校互操作框架》等十几项标准。在国际、国家制定的教育信息化标准体系的基础上,地方根据实际情况进行了制定,对教育信息化起到了规范指导作用。

(二)教育信息化工作体系

在我国,教育信息化工作体系是一个系统工程。它主要由国家、区域、学校和社会教育信息化四个系统组成。

1.国家教育信息化系统。这是一个由国家领导机构直接规划和组织的教育信息化工作系统。据《中国信息化》一书介绍,现阶段国家教育信息化建设主要抓了以下四个方面:

(1)中国教育和科研计算机网(CERNET)建设。当前,国家在继续推动中国教育和科研计算机网建设的基础上,正在重点推进西部高校校园网建设,开展卫星地面接入建设,通过天网和地网的结合,为教育信息化提供一个天地合一的网络平台。

(2)对中国教育电视台改造的建设。中国教育电视台始建于1986年。经过连续几年的改造后,中国现代远程教育卫星宽带多媒体传输平台具备了播出8套电视、8套语音、20套以上IP数据广播的能力。目前正在开展卫星地面接入CERNET的建设。

(3)实施现代式远程教育,并制定了有关的法规和政策。国家在推进现代远程教育工程建设的基础上,大力推进现代远程教育的实施,实施现代远程教育扶贫项目。到2005年,全国12个省区已建立5000个扶贫收视点,提高了西部教育教学质量和水平。为规范现代远程教育的发展,教育部成立了现代远程教育标准化委员会,负责征集、研究和公布有关标准,规范网络教育的发展。

(4)最后,重点开展信息化人才培训,加快高等学校和各级各类学校信息化建设。教育部非常重视信息科学技术专业学科建设,加速人才培养,并大力推动各高等院校广泛运用现代信息技术,促进教育改革,提高教育教学质量和水平。国家重点抓了全国中小学实施"校校通"工程计划和开展信息技术教育两件大事,目前已取得了阶段性的成效。

2.区域教育信息化系统。区域教育信息化系统包括省、市、自治区以下的行政地区。其教育信息化的基本内容同国家是一致的,只是各区域发展不平衡,各有其特殊性发展目标、计划安排和政策法规。

3.学校教育信息化系统。学校是国家这个大机器中的一个特殊小细胞。其教育信息化既有国家教育信息化的共同内容,又有其特殊的表现形式。学校教育信息化工作主要包含以下几个方面:

(1)以校园网、多媒体教学、电视教学为重点的信息化基础建设。

(2)以编制网络课程教材、各种电教教材与素材为主的教育信息资源建设。

(3)以信息技术应用为核心的信息化教学及其教育教学信息管理活动。

(4)以教学保障信息化为内容的教学环境建设及教育信息产业发展。

(5)以信息技术教育和信息技术人才培养为主要任务的信息素质教育。承担信息化专业人才培养任务的学校,负有为国家各领域提供高质量信息化人才的重要责任。

(6)以教育政务信息化为关键的教育现代化管理。

(7)以提高信息和信息化意识为根本的信息科学教育。

4.社会教育信息化系统。这主要指的是社会教育系统的信息化,包括家庭教育、个人学习、医疗保健教育、社区安全教育、社区职业技术培训等方面的教育信息化。社会教育信息化是建设小康社会与学习型社会的重要内容。

（三）教育信息化指标体系

这里所说的教育信息化指标体系是指根据国家教育信息化体系及其六要素的要求，选择能够反映教育信息化体系各要素水平的指标，并对各指标进行加权、排序、综合而组成的指标量度体系。通过对关键的信息化指标的统计与分析，可以定量地衡量国家、地区、城市、学校等系统的信息化程度，保证推进教育信息化决策的科学性和准确性，对于有效指导和促进信息化建设、研究制定相关政策和发展计划具有极其重要的意义。目前我国的教育信息化指标体系正在研究制定过程之中，并将参照完善制定信息化教育教学评价考核标准。

三、教育信息化的基本特征

对于这个问题，许多学者都进行过论述。其特征是事物的特殊性表现，所反映的内容有本质性的，有现象性的，有评估性的。

教育信息化的本质内容主要包括：教育的现代化、现代化的理念、现代化的教育资源共享、现代化的教育教学方法手段、现代化的教育环境和条件。教育信息化的技术表现特征有教与学技术的数字化、网络化、电脑化、智能化、多媒体化、综合化、立体化等。

教育信息化的现象性内容是指教育过程的表现。其特征主要有开放性、共享性、交互性、协作性和系统性等。教育的开放性体现为社会化（大众化）、终生化、个性化（生活化）等；共享性体现在教育资源的极大丰富、网络学习的极大便捷、获取信息的经济廉价上；交互性扩大和便利了学习者与教师、媒体、他人的信息交流及自我训练与评价；协作性表现在网上合作学习、小组合作学习等方面；系统性表现在要求学习者要有良好的道德和信息素养、要求组织者要有系统的设计和科学的管理艺术、对系统环境有规范的要求等方面。

四、实现教育信息化的过程

什么是教育信息化？它指的是信息科学技术在教育领域被普遍推广应用的过程。这个过程又可以从两个层面推动：一是社会层面，二是技术层面。

（一）实现教育信息化的社会过程

从社会学的角度来看，信息化指的是信息科学技术的社会化，即信息科学技术与社会相互融合、相互影响的过程。第一,任何新兴的科学技术发展都会对现实的人类文化产生一定冲击,它会创造出新的文化类型,如电视文化、电脑文化、网络文化等,都是过去没有的。新文化与旧文化会产生冲突,并在冲突过程中逐渐达到相互依存、相互融合。当然,也会存在此生彼消的情况。是取舍还是共同发展,由社会实践、社会需求来决定。这样一个彼此磨合的过程,有时会很长。第二,科学技术与社会的互动过程实质是人在起作用,任何一种文化都是由人创造的。少数人发明创造的新技术(如电脑技术),有一个多数人认识它、应用它、推广它、发展它的过程。第三,技术的推广应用是有条件的,如经费、场地、人才、效益等因素,创造条件有一个过程。技术功能对人类社会需求的满足是技术发展的最大动力。第四,技术的社会化进程跟政府部门、社会团体和大众的宣传有很大关系。政府是主导,领导是关键,如果政府部门大力推广某项技术,该技术的社会化就会快些,否则就会慢些。技术能否受到人们的广泛重视,特别是受到领导者的重视,这里还有一个先行者的宣传、试验与示范过程,人们应提高思想认识,明确做法,看到好处。我国的信息化是在党和政府的英明决策、正确领导下发展起来的,所以,我国的教育信息化进程速度会快些,主要制约因素是国家基础薄弱,人才和经费不足。

(二)实现教育信息化的技术过程

教育要想实现信息化,必须通过充分发挥信息技术的作用来实现。信息技术作用于教育信息化的过程,大致有以下四个层面:

1.基础条件建设。基础条件建设包括教育信息设备设施建设、教育信息资源(信息库)建设和教育信息网络建设。这是教育信息化最基本的建设,目前我国的教育信息化正在大力进行这方面的工作。

2.人才和制度建设。人才是一切事业成功的关键,拥有了必要的技术人才,就等于拥有了技术。教育信息化要把人才建设放在首位,可通过岗位培训、院校培养和外部引进招揽所需人才。制度建设的重点有两个方面:一是对人的行为规范,二是对技术(设备)的标准规范,两者缺一不可。

3.信息技术的应用过程。这是一种教育信息化的内在操作运行过程。对于学校教育来说,这个过程就是:教育信息技术深入学科,与课程整合;深入课堂和一切学习场所,精心设计、恰当运用信息技术,优化教育与学习过程;深入教育教学全过程,使之在教育的各个环节中都尽可能充分发挥信息技术的作用,力求产生最大的信息资源和信息技术功能。教育信息技术“三深入”应该作为我们的一项教育教学原则。

4.信息技术的发展及其标准化过程。信息技术是现在世界上发展最为迅速的技术。它的不断发展为信息化创造了高技术、高质量、高效益的环境,使信息化成为一个永无止境的长期过程。因此,教育工作者必须及时追踪信息技术发展前沿,及时制定在教育领域应用的标准规范,不断提高教育信息化的先进程度。

五、实现教育信息化的策略

为了保证快速、高效地实现教育信息化的既定发展目标,国家采取了强有力的措施和策略,大致可以归纳为“4 句话、32 个字”:政府引导,逐级推动;突出重点,试点先行;依托电教,各方协同;以人为本,广泛发动。具体说明如下:

(一)政府引导,逐级推动

我们的党和政府为了推动教育信息化,给予了强有力的领导和正确的引导,国家信息化领导小组制定的推进信息化指导方针是“政府引导,面向市场;网络共建,资源共享;以人为本,重在应用;创新改革,竞争开放”,这被称为“32 字方针”,它明确了政府的引导策略。国家为推进教育信息化做了大量导航工作,仅举以下几件事实为例:

1.1994 年相关部门正式立项建设中国教育和科研计算机网(CERNET),标志着我国教育信息化建设正式启动。

2.1998 年国家正式启动了现代远程教育工程,重点发展网络远程教育,加速教育资源建设。当前使用比较普遍的远程教育媒体有 CD-ROM 光盘、卫星数字压缩电视广播、IP 广播或视频点播的流媒体课件、各类网络版或单机版的多媒体课件等。

3.1999 年 6 月 13 日国家发布文件——《中共中央国务院关于深化教育改革全面推进素质教育的决定》,其中明确提出:①大力提高教育技术手段的现代化水平和教育信息化程度;②国家支持建设以中国教育科研网和卫星视频系统为基础的现代化远程教育网络;③加强经济实用型终端平台系统和校园网或局域网的建设;④充分发挥现有资源和各种音像手段,继续搞好多样化的电化教育和电脑辅助教育;⑤在高中阶段的学校和有条件的初中、小学普及电脑操作和信息技术教育;⑥使教育科研网络进入全部高等学校和骨干中等职业学校;⑦运用现代远程教育网络为社会成员提供终身学习的机会,为农村和边远地区提供适合当地需要的教育。这些内容,指明了现阶段教育信息化的任务。

4.2000 年 10—11 月,教育部组织召开了全国中小学信息技术教育工作会议,会上颁布了《中小学信息技术课程指导纲要(试行)》,将信息技术教育列入基础教育课程体系,这是信息化人才教育的一大改革。

5.2001年国务院发布了《教育信息化“十五”发展规划(纲要)》,对教育信息化作了部署和规划,提出了“统筹规划、需求推动、扩大开放、提高质量、人才为本、重点示范、东西结合、协调发展”的指导方针,提出在全国全面实施“校校通”信息化工程。

2001年,国务院又颁布了《国务院关于基础教育改革与发展的决定》(简称“《决定》”),《决定》指出:“要用教育信息化带动教育现代化的跨越发展。”

2001年,教育部又发布了《关于加强高等学校本科教学工作提高教学质量的若干意见》(简称“《意见》”),《意见》要求:“国家建设的高等学校所开设的必修课程,使用多媒体授课的课时比例要达到30%以上,其他高等学校应达到15%以上。”

6.2002年3月教育部出台文件《关于推进教师教育信息化建设的意见》,文件中对教师的教育信息化提出了要求和安排意见。

2002年11月,教育部颁布了《基础教育教学资源元数据规范》,为教育资源建设的规范化和标准化奠定了基础。

7.2003年4月,教育部颁布了《高中信息技术课程标准》,标志着信息技术课程的系统建设和实施进入了新阶段。

(二)突出重点,试点先行

一些传统的工作方法,如抓重点带一般、先试点后推广,在教育信息化工作中起到了很好的作用。比如现代远程教育,国家把它作为快速发展教育、实现教育跨越式发展的一项重点项目,投入巨资建设,并选择了一些单位作为试点,先是在清华大学、北京邮电大学、浙江大学、湖南大学这4所高校试点,后来扩大到34所试点高校。目前,各大高校正在试点的基础上,逐步推广。各省市自治区、各市县、各院校也都有自己的重点和试点项目,突出重点,试点带动,保证了教育信息化的顺利进行。教育部在《2003—2007年教育振兴行动计划》中把“实施教育信息化建设工程”确定为六大重点工程之一,对教育信息化给予了足够重视。

(三)依托电教,各方协同

在教育领域,上到国家教育部,下到地方基层单位,都依托电化教育系统开展教育信息化工作,各有关单位给予了大力支持。我国的电化教育组织体系比较健全,它为教育信息化奠定了很好的专业人才、组织管理、信息资源和物资技术的基础,在推动教育现代化、信息化进程中已经发挥并将继续发挥重要作用。中央电化教育馆提出了基础教育信息化支持服务体系建设的项目,对现有的电教支持服务体系进行改革、创新和升级,更好地为教育信息化服务。国家依托电教系统、电教机构和电教人员进行教育信息化工作,体现了社会主义的优越性,充分发挥了国家的信息资源。当然,教育信息化是全体公民的事,必须引起各级领导、教育行政部门的重视以及得到相关单位和专业人员的支持。

(四)以人为本,广泛发动

教育信息化的实现,必须依赖广大社会成员的共同努力,这就必然要求教育信息化必须坚持“以人为本,广泛发动”的方针。以人为本就必须广泛发动群众,调动一切积极因素。要使教育者和学习者强化信息意识,树立信息化观念,重视信息化工作,投入信息化事业,用人的信息功能推动教育信息化。广大教育工作者和受教育者是教育信息化的主力军,担负着提高自身信息素养和实现教育信息化的双重责任。

六、教育信息化的发展对我国教育的影响

从我国教育信息化的发展中我们可以看出,教育信息化对我国的教育事业产生了并将继续产生更加重大的影响。其影响主要表现在:

(一)促进了教育观念的转变

随着教育信息化的迅速发展,人们要想在社会上更好地立足,就必须适应信息时代的要求,转变传统的教育教学思想观念,重视信息科学技术和人的素质培养,树立面向世界、科学发展、与时俱进、以人为本的思想观念,树立以创新能力和信息素养培养为核心的现代教育教学观。教育信息化带给人们的是全新的信息资源,全新的理念和全新的硬件、软件、潜件环境。

(二)推动了教育教学的改革

教育信息化的本质特征就是教育的现代化和素质教育。教育信息化的过程,就是实现教育现代化和进行信息素养教育的过程。使教育由传统、半传统走向现代化,是教育改革的过程和方向。教育信息化本身就是教育教学改革的内容。信息化推动了教育体制、教育内容、教育过程、教育模式、教育环境等的全面改革与发展。在信息化进程中,我国的教育现代化事业取得了重大发展。

(三)催生了信息化的教育

教育信息化最直接的成就就是催生并发展了信息化教育,使现代教育

进入信息化时代。也就是说,信息化教育是教育信息化产生的新的教育形态。培养信息化人才、提高信息素养、倍增教育效益是信息化教育的功能,也是教育信息化的任务。

(四)促进了教育信息科学和现代信息技术的发展

从一定意义上说,教育信息化是一个动力系统,它促进了教育信息科学和现代信息技术充分发挥作用。教育对教育信息科学和现代信息技术的需求必定要求二者适应需求而发展进步,这是一种互动关系。正如恩格斯所说:“社会一旦有技术上的需要,则这种需要就会比十所大学更能把科学推向前进。”

第二节　教育信息化与教育发展

自20世纪90年代以来,国际教育界出现了以信息技术(IT)的广泛应用为特征的发展趋向,国内学者将其称为教育信息化现象。我们将教育信息化看作一个过程,其结果是达到一种新颖的教育形态——信息化教育。教育信息化的主要特点是在教学过程中广泛应用以电脑多媒体和网络通信为基础的现代化信息技术,其发展势头之强、影响面之大,令许多教育者感到困惑,从而无所适从。什么是教育信息化?教育信息化究竟会对教育产生什么影响?我国基础教育如何迎接教育信息化的挑战?这些都是我国教育者应该认真思考和面对的问题。本文作者依据自己在教育信息化方面的多年研究和思考,力图解答这些问题。

一、教育信息化的基本特征

教育信息化的概念是在20世纪90年代伴随着信息高速公路的兴建而提出来的。美国政府于1993年9月正式提出“国家信息基础设施”(National Information Infrastructure,简称NII),俗称“信息高速公路”的建设计划,其核心是发展以Internet为核心的综合化信息服务体系和推进信息技术(Information Technology,简称IT)在社会各领域的广泛应用,特别是把IT在教育中的应用作为实施面向21世纪教育改革的重要途径。美国的这一举动引起了世界各国的积极反应,许多国家的政府相继制订了推进本国教育信息化的计划。

需要注意的是,“信息化”这一概念基本上是东方语言思维的产物,通过在Internet上进行信息搜索可发现这一现象。西方国家的文献中极少使用

"信息化"之类的说法,而在许多东方国家,包括中国、日本、韩国等,则大量使用"信息化"的概念,并且出现了三种不同的英译法:Informatization、Informationalization、Informationization。通过 AltaVista 搜索引擎进行检索可以得到 4893 个含有这三个名词的项目(网页),其中含 Informatization 的项目约占 90%,含 Informationalization 的项目约占 6.5%,含 Informationization 的项目约占 3.5%,可见 Informatization 是比较受国际认可的译法。然而,西方人并不认可"信息化"这一概念。有人曾经就"信息化"的这三种译法请教过多名英国教授,但都不被认可。与信息化教育相对应的译法应该是 IT-Based Education,但这在西方的文献中也不普遍。西方人似乎不喜欢像"教育信息化"或"信息化教育"之类高度概括的概念,他们用了许多不同的名称,例如 IT in education(教育中的信息技术)、E-Education(电子化教育)、Network-Based Education(基于网络的教育)、Online Education(在线教育)、Cyber Education("赛波"教育)、Virtual Education(虚拟教育)等。IT in education 与教育信息化的意义相近,E-Education 与信息化教育的意义相近,而其他四个名词主要与网络化教育相关,代表着信息化教育实践的主流。

那么,教育信息化有什么特征呢?我们可以分别从技术层面和教育层面加以考察。从技术上看,教育信息化的基本特点是数字化、多媒化、网络化和智能化。

数字化使得教育信息技术系统的设备简单、性能可靠和标准统一。

多媒化使得信媒设备一体化、信息表征多元化、复杂现象虚拟化。

网络化使得信息资源可共享、活动时空少限制、人际合作易实现。

智能化使得系统能够做到教学行为人性化、人机通信自然化、繁杂任务代理化。

我们可以把教育信息化看作是一个追求信息化教育的过程。信息化教育具有以下显著特点:

(1)教材多媒化。什么是教材多媒化呢?它指的是利用多媒体,特别是超媒体技术,建立教学内容的结构化、动态化、形象化表示。现在已经有越来越多的教材和工具书多媒体化,它们不但包含文字和图形,还能呈现声音、动画、录像以及模拟的三维景象。例如,有一个关于英语词汇的儿童多媒体学习软件,第一幅画面把常用的动作名词和图片汇编在一起,当你选择 chase(追逐)一词时,电脑会用声音告诉你"追逐"就是在某人或某物后面 run(奔跑)的意思,如果你在两个小孩的画面上点一下,他们就会飞快地奔跑起来;如果你还想知道奔跑的确切含义,你再在 run 上面点一下,电脑又会呈现出关于 run 的声音解说和动画。在这样的多媒体学习材料中,各画面之间好像有无形的链条互相串联,这种无形的链条被称为超链,这种带超链的多媒体又被称为超媒体。有了超媒体"电子书",读死书的时代将一去不返,因为多媒体教材本身就是“活的”书。如何把“活书”设计好?如何把“活书”学好?这是信息化时代的教师和学生面临的新问题。

(2)资源全球化。这个概念很好理解,它指的是利用网络,可以使全世界的教育资源连成一个信息海洋,供广大教育用户共享。网上的教育资源有许多类型(图1-1),包括教育网站、电子书、虚拟图书馆、虚拟软件库、新闻组等。我国教育面临的一大问题是网上中文信息资源的严重不足。开发网上教育资源,不仅是教育部门的任务,也是社会各部门以及知识者的义务。美国的网上基础教育资源体系就是依靠社会各界的协同努力建立起来的。

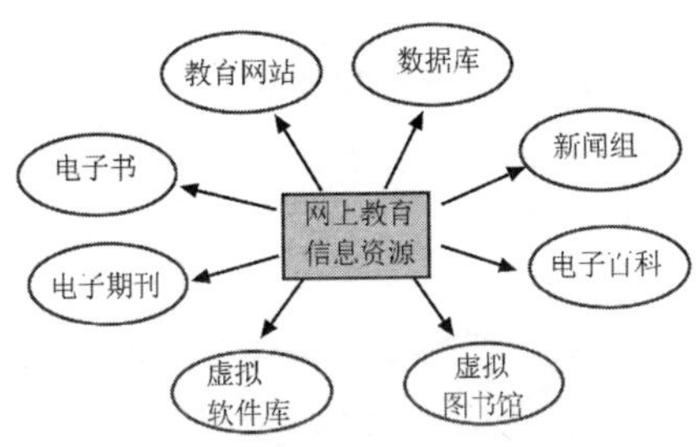

图1-1　网上教育信息资源的分类

(3)教学个性化。它指的是利用人工智能技术构建的智能导师系统能够根据学生的不同个性特点和需求进行教学和提供帮助。为了做到这一点,学生个性的测定,特别是认知方式的检测,将成为教育研究的重要研究课题。

(4)学习自主化。这是因为以学生为主体的教育思想日益得到认同,所以,利用信息技术支持自主学习成为必然发展趋向。事实上,超文本、超媒体之类的电子教材已经为自主学习提供了极其便利的条件。

(5)活动合作化。现代社会,通过合作的方式进行学习活动已经成为当前国际教育的发展方向。信息技术在支持合作学习方面可以起到重要作用,其形式包括:通过电脑合作(网上合作学习);在电脑面前合作(如小组作业);与电脑合作(电脑扮演学生同伴的角色)。

(6)管理自动化。随着现代社会的发展,人们也开始利用电脑管理教学。利用电脑管理教学过程的系统叫做CMI(计算机管理教学)系统,其功能包括电脑化测试与评分、学习问题诊断、学习任务分配等。最近的发展趋向是在网络上建立电子学档(E-learning Portfolio),其中包含学生身份信息、活动记录、评价信息、电子作品等。利用电子学档可以支持教学评价的改革,实现面向学习过程的评价。

(7)环境虚拟化。教育环境的虚拟化表明教学活动可以在很大程度上脱离物理空间、时间的限制,这是电子网络化教育的一个重要特征。目前已经涌现出一系列虚拟化的教育环境,包括虚拟教室、虚拟实验室、虚拟校园、虚拟学社、虚拟图书馆等,由此带来的必然是虚拟教育。虚拟教育可分为校内模式和校外模式两种。校内模式是利用局域网开展网上教育,校外模式是指利用广域网进行远程教育。许多建设了校园网的学校,如果能够充分开发网络的虚拟教育功能,就可以做到虚拟教育与现实教育结合、校内教育与校外教育贯通,这是未来信息化学校的发展方向。图 1-2 是信息化学校的教育功能模式。

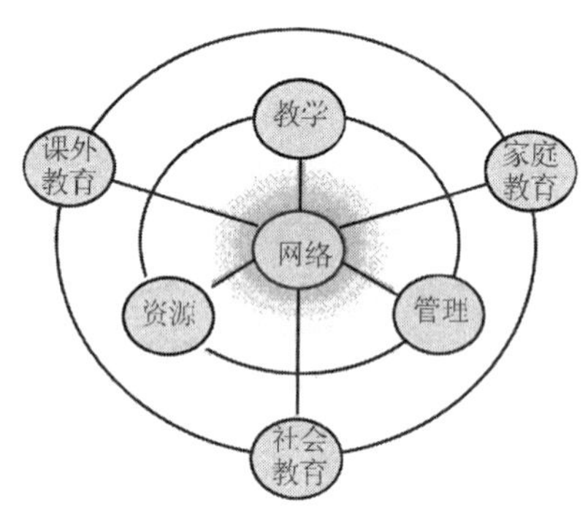

图 1-2　信息化学校的教育功能模式

二、信息化教育模式的种类

信息化教育的迅速发展,使得新的教学模式不断涌现,要对它进行系统的分类是比较困难的。有人曾提出了一个信息化教学模式的文化分类框架,从哲学观角度考察信息化教学模式的文化取向问题,有助于从总体上了解信息化教育的概况与发展趋向。

图 1-3 中列举了一些典型的信息化教学模式,并按照它们的教育哲学倾向进行了分类。对于某些模式来说,它们的哲学取向并非那么单纯,往往结合了多种不同的哲学思想。如图 1-3 所示,传统的 CAI 模式主要集中在Ⅰ区,强调个别化教学,从传统的以教师为中心转换为以教为中心(因为教师的直接教学任务被机器所替代)。到了 20 世纪 80 年代以后,由于建构主义学习理论在教育技术中的应用和多媒体技术的发展,国际上信息化教学模式的研究兴趣转移到Ⅱ区,强调以学为中心。20 世纪 90 年代以后,由于网上教育的兴起,出现了以合作学习为中心的多种虚拟学习环境(Ⅳ区)。位于Ⅲ区的教学模式是从传统的电化教室中发展而来的,增加了多媒体教学,而虚拟教室的出现则大大扩展了其概念。位于中心的是集成化教育系

统,它是综合了许多不同信息化教学模式的系统。

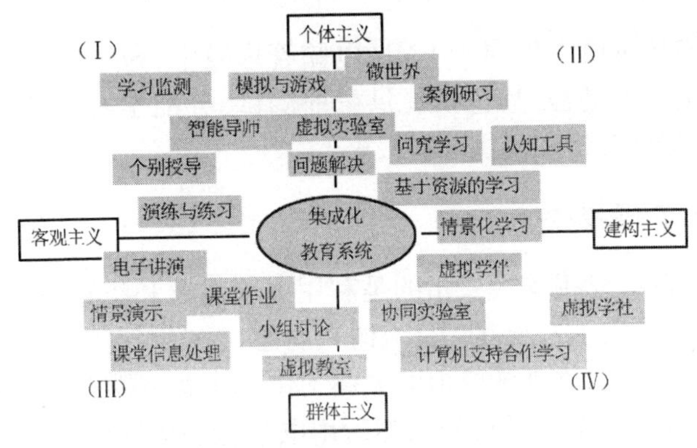

图 1-3　信息化教学模式的文化分类

下面分别对这些模式作一下简要介绍:

(一)个别指导模式

个别指导模式(Tutorial)是经典的 CAI 模式之一。这种模式试图在一定程度上通过电脑来实现教师的指导性教学行为,对学生实施个别化教学,其基本教学过程为:电脑呈示与提问,学生应答,电脑判别应答并提供反馈。应当指出,实际上存在两种不同性质的个别指导方法:一是程序式个别指导,二是对话式个别指导或称"苏格拉底法(The Socratic Method)"。个别指导模式一般情况下大多指前者。后者需借助人工智能技术来实现,因此又称为智能导师系统。在多媒体方式下,个别指导型 CAI 的教学内容呈示可变得图文并茂、声色俱全,并可使交互形式更为生动活泼。

(二)操练和练习模式

操练和练习模式是产生历史最久而且应用最广的 CAI 模式。这种 CAI 模式并不向学生教授新的内容,而是由电脑向学生逐个呈示问题,学生在机上作答,电脑给予适当的即时反馈。运用多媒体,可将许多可视化动态情景作为提问的背景。应当注意,从严格意义上说,操练(Drill)与练习(Practice)之间是有一定概念区别的:操练基本上涉及记忆和联想问题,主要采用选择题和配伍题之类的形式;练习的目的重在帮助学生形成和巩固问题求解技能,大多采用短答题和构答题之类的形式。

(三)学习监测模式

这种模式从本质上说属于CMI(电脑管理教学)范畴,用于检验与调控学生的个别化学习进程,其包括提供事前测试、分配学习任务、提供事后测试,以及进行测试分析和提供分析报告。

(四)教学模拟模式

这里所说的教学模拟模式指的是利用电脑建模和仿真技术来表现某些系统(自然的、物理的、社会的)的结构和动态,为学生提供一种可供他们体验和观测的环境。建立教学模拟的关键工作是建立被模拟对象(真实世界)的模型(数学的、逻辑的、过程的),然后用电脑程序描述此模型,通过运算产生输出。这些输出能够在一定程度上反映真实世界的行为。电脑化模拟允许学生通过改变输入数据的范围来观测系统的变化状态。图1-4说明了模型与模拟的关系。

教学模拟模式实际上是一种十分有价值的CAI模式,在教学中应用很广泛。例如,它在物理课中可模拟电子运动、原子裂变、落体运动等;在生物课中可模拟遗传过程和生态系统;在化学课中可以模拟化合过程和各种实验;在社会和人文科学课中可以模拟历史演变、政治外交等。

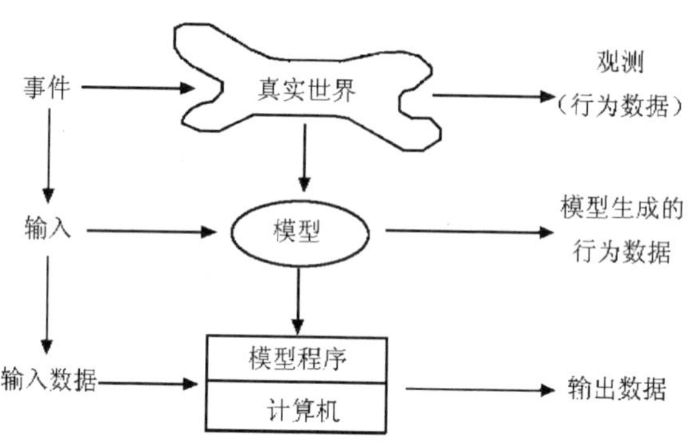

图1-4 模型与模拟的关系

教学模拟软件在教学中的用法很多,例如:

(1)演示法:在课堂上进行讲授时,老师先向学生讲述某一系统的基本原理,接着用模拟程序进行演示,帮助学生加深对于原理的理解。

(2)实验法:在教学过程中,老师让学生通过操纵模拟的系统掌握实验步骤,然后进入真实实验室,这样可以使学生有效地减少实验中的操作失误,这时电脑模拟实验就起到预备实验的作用。另一种做法是利用电脑模拟实验来替代真实实验。比如,有一个名叫电子实验台的模拟软件活像一个万能的电路试验室,允许学生构建各种电路,并用仿真的仪表如电流表、电压表、示波器等来测量各个结点上的信号。

(3)探索法:让学生在学习过程中像科学家们一样去工作,在模拟的情境中进行探索,去发现隐藏在其中的规律,实际上就是让他们自行找出该模拟的世界所依赖的模型。例如,有一个叫做"虚拟果蝇"的模拟实验软件,它可以让学生通过做果蝇交配实验来发现孟德尔遗传定律。学生首先选一只雄果蝇和一只雌果蝇作为亲本,它们有不同颜色的眼睛和不同形状的翅膀。过了几秒钟,这一对新婚果蝇就会繁殖出许多小果蝇,他们中有的像父亲,有的像母亲,有的是二者兼而有之。电脑提示学生仔细观察这些后代果蝇,并记录不同形态的果蝇的数目。然后,从这些果蝇中再选择一对作交配,看看它们会产生什么样的后代。就这样,经过几代交配实验后,学生最多花几小时就能独立地"发现"生物的遗传定律,而如果用真实果蝇做实验则需要几个星期。

(4)体验法:让教师在教学过程中使用电脑模拟方法构造一种微型世界,让学生通过操纵其中的对象来形成操作技能和解决问题的能力。比如,有个名叫"模拟公园"的软件可以让学生设计一个公园,他可以选择地形,自主决定栽什么树、种什么花和草以及养什么动物,还要建什么娱乐设施,而这些是要"花钱"的。当然,如果他的公园设计合理,经营得当,他可以很快得到"盈利"。这样的模拟系统需要学生综合运用动植物知识、生态知识和经营管理知识。

(5)游戏法:教师在教学过程中可利用电脑模拟技术创造寓教于乐的环境,让学生扮演某些角色,如:作为探险家如何在蛮荒险地求生存,作为企业家如何在市场竞争中取胜,作为见习教师如何博得校长和学生的欢迎。

(五)教学游戏

教学游戏与电脑模拟有着密切的关系,多数教学游戏本质上也是一种模拟程序,只不过在其中刻意加入趣味性、竞争性、参与性的因素,做到"寓教于乐"。在教学游戏中利用多媒体技术,不但可使模拟的现象变得更加逼真,而且可创造在现实世界中难觅的"虚拟现实"情景。

教学游戏通常还与一种被称为"案例研习"(Case studies)的CAI模式相联系,埃林顿(H.Ellington,1981)等人提出一个模拟、游戏、案例研习三者之间的关系模型(图1-5a),有助于我们澄清概念。罗密佐斯基(Romiszoski,1984)则进一步刻画了它们各自本质的区别(图1-5b)。

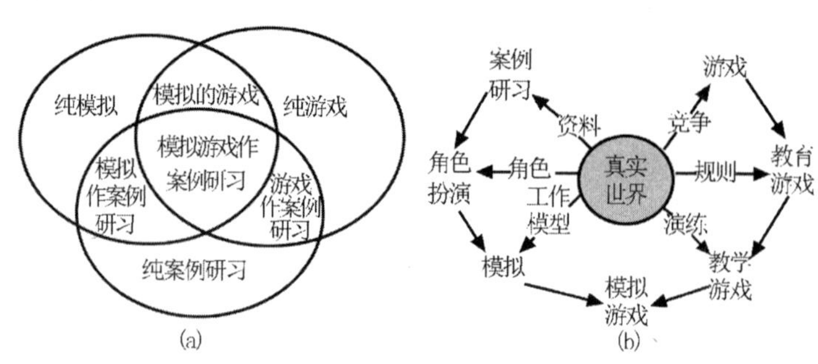

图 1-5 教学模拟、游戏、案例研习之间的关系

(六)智能导师

智能导师系统(Intelligent Tutoring System,简称 ITS)是一种试图利用人工智能技术来模拟“家教”的行为,允许学生与电脑进行双向问答式对话的系统。一个理想的智能导师系统不仅要具有学科领域知识,而且要知道它所教学生的学习风格,还要能理解学生用自然语言表达的提问。然而,世界上迄今所建立的此类系统能达到实用水平的屈指可数。

(七)问题解决

问题解决(Problem-Solving)这个概念的范围十分广泛。但是,由于历史的原因,问题解决作为一种 CAI 模式,是指利用电脑作为解题计算工具,让学生利用电脑的信息处理功能解决学科领域相关的问题。问题解决通常有两种不同的做法:一是让学生利用某种电脑语言来编制解决问题的程序,如 Pascal、BASIC 等,LOGO 语言也可当作适合于儿童的问题求解语言;二是向学生提供问题求解软件包,如力学计算程序、化合分析程序、社会科学统计软件包(SPSS)、通用数学计算程序 Mathematica、工程数学计算程序 MATLAH 等。就 CAI 模式范畴而言,后一做法现已成为主流,因为它可使学生将精力集中于问题求解的方法而非编程细节。

(八)微型世界

微型世界(Microworld)是利用电脑构造一种可供学习者自由探索的学习环境,大多数微型世界是借助电脑化建模技术构造的。微型世界的基本特点是学生对模拟的环境可操纵、可建构。例如,有一个名叫“电子工作台”(Electronic Workbench,简称 EWB)的软件系统允许学习者利用它提供的元件构造各种模拟电路和数字电路,并能动态测试电路的性能。还有一个名叫“交互性物理”(Interactive Physics,简称 IP)的软件系统允许学习者构造属于经典力学系统的大部分实验。还有一种供儿童学习的 LOGO 语言,也被认为是一种微世界,因为它提供的"图龟"世界允许学习者进行操纵并观察其反应。

伴随着网络和通信技术的发展,网络支持的微世界也应运而生。例如:由美国科学探索网络开发的学习化学酸碱度知识的"PH 酸碱度"就是一个很好的网上微世界的例子。它为学习者学习酸碱度知识提供了一个良好的网络学习环境。

在这个微世界中,学习分为 7 个步骤,即 7E 模式。所谓 7E 是指趣味(Excite)、探索(Explore)、解释(Explain)、扩充(Expand)、延伸(Extend)、交流(Exchange)以及测验(Examine),这 7 个步骤的英文名词都是以 E 开头。这些学习步骤可以按顺序进行,也可以各自独立进行。

(九)虚拟实验室

什么是虚拟实验室呢?它实际上是指利用虚拟现实技术仿真或虚构某些情境,供学生观察与操纵其中的对象,使他们获得体验或有所发现。有一个名叫"虚拟青蛙"的解剖实验室,学生可以做非常逼真的青蛙解剖实验,他们可以剥去青蛙的皮肤和肌肉,清晰地看见青蛙的骨骼;他们还可以进一步解剖其眼睛和大脑。

(十)情景学习

情景学习(Situated Learning)是现在教学中盛行的建构主义学习的主要研究内容之一。建构主义认为,学习总是与一定的社会文化背景即"情境"(Context)相联系的,而在传统的课堂讲授中,由于不能提供实际情境所具有的生动性、丰富性,不能激发联想,难以提取长时记忆中的有关内容,因而将使学习者对知识的意义建构产生困惑。情景学习就是利用多媒体电脑技术创设接近实际的情境进行学习,可以利用生动、直观的形象有效地激发学习者的联想,唤醒其长期记忆中的有关知识、经验和表象,从而使学习者能利用自己原有认知结构中的有关知识与经验去同化当前学习到的新知识,赋予新知识以某种意义。

情景学习模式的主要方法有认知学习、抛锚式学习等。认知学习模式是从传统的师徒传技授艺模式中得到启发,认为采取类似的方法,非常有助于培养学生的认知技能即解决问题的能力,并提炼出几种基本的教学技法:

示范法(Modeling):教师演示典型问题的解法,学生认真观察。

教练法(Coaching):学生尝试解决问题,教师观察和发现问题,并随时给予指正。

支架法(Scaffolding):教师与学生一起解决问题,教师在这个过程中起着"支架"作用(提供帮助)。视学生能力进展,教师应逐渐减少帮助,直至完全撤去"支架",放手让学生自行解决问题。其中教师的作用可由智能代理实现,也可在网络上由教师通过适当的教学通信工具来提供示范、教练和帮助。

抛锚式学习(Anchored Learning):实际上是将教学“锚”接于(即安排在)有意义的问题求解环境中,这些有意义的问题求解环境被称作是“大环境”(Macro Context),因为它包括复杂的环境要素,要求学生系统地解决一系列相关的问题。每个环境能够支持学生进行持续的探索,学生能够在几个星期甚至几个月内从多种角度对其中的问题进行持续的求解,而且各个“锚点”(及其伴随的教学事件)都能够提供多课程的延伸。

(十一)案例学习

案例学习(Case Studies)系统是一种为学生提供丰富的信息环境的系统,系统中包含从实际案例中抽取的资料,让学生以调查员的角色去调查案情(犯罪案件、医疗事故、道德伦理问题等),通过资料收集、分析和决策,得出问题的结论。

(十二)基于资源的学习

基于资源的学习(Resources-Based Learning)已经存在很长时间了,它并不是信息化教育所特有的。学习资源的概念非常广泛,基于资源的学习就是要求学生利用各类资源进行自学。但在信息化教育的范围内,基于资源的学习从量与质两方面来说都不可同日而语。现代信息技术,特别是多媒体与电脑网络技术的应用,为学习者提供了极为丰富的电子化学习资源,其中包括数字化图书馆、电子阅览室、网上报刊和数据库、多媒体电子书等。Internet 上蕴藏着无穷无尽的信息资源,学习者只要掌握了一定的网络通信操作技能,就可以通过网上各种检索机制,方便快捷地获取自己所需要的知识进行高效的学习。

实际上,除了信息资源以外,人力资源也是一种非常有价值的学习资源。这里所说的人力资源,就是指可能有助于学生学习和使学生感兴趣的人。通过电脑网络,学习者可以不受时间与空间限制,接触到世界各地的人才,他们在不施加任何压力的情况下给学习者以帮助,向学习者介绍自己所拥有的知识、经验和特定的技能。

(十三)问究学习

问究学习(Inquiry Learning)模式指的是让学生利用系统的信息服务功能,通过信息收集和推理之类的智力活动,得出对预设(通常由教师所给)问题的解答。有一个关于世界饥荒问题的调查学习范例:学生四个人一组,分别扮演营养学家、政治学家、历史学家和新闻记者(图 1-6),根据教师提供的网上资源线索,通过调查明白什么是饥饿,了解世界饥荒的现状与成因,寻求解决饥荒问题的可行方法,并提出自己的建议。最后,小组成员将从不同方面调查获得的信息整合成一份小组报告在网上发布。

营养学家
明确饥饿对人口造成的影响,包括疾病、营养不足以及用来改善营养不足的食品来源。根据世界健康组织和营养不良的相关规定和信息,通过鉴定营养充足的基本标准获得一种粮食观。

政治学家
调查导致该国饥饿问题的政治、法律和经济因素,明确该国的管理模式和影响以上方面的其他因素和人。要了解世界各国的情况,请看 CIA 世界实况录。

角色扮演

新闻记者
及时报道食物缺乏所带来的直接后果,其中包括人员死亡、国家和地区目前的救济活动和食品援助运输工作及其进行中的救援行动计划。

历史学家
研究该国或该地区的历史、地理和人口状况,确定造成目前这种饥饿状况的各种因素。除了确定上面的这些因素,还要了解每个国家的出生率和死亡率、男性和女性的生活期望值、儿童的道德水准以及其他相关的重要统计资料。

图 1-6 问究学习的例子:世界饥荒

问究学习、案例学习与基于资源的学习之间有着相似之处,相似点是它们都涉及信息检索技术的应用,但其数据组织与范围是不同的。问究学习的数据库通常按学科范围组织而成,案例学习的数据库是围绕有一定实际背景的事例来组织的,而基于资源的学习的资源通常无预定范围。

(十四)电脑支持合作学习

计算机支持的协作学习(Computer-Supported Cooperative Learning 或 Computer-Supported Collaborative Learning,简称 CSCL)是与传统的个别化 CAI 截然不同的概念。个别化 CAI 注重于人机交互活动对学习的影响,CSCL 强调利用电脑支持学生同伴之间的交互活动。在电脑网络通信工具的支持下,学生们可突破地域和时间上的限制,进行同伴互教、小组讨论、小组练习、小组课题等合作性学习活动。

(十五)虚拟学习伙伴

虚拟学习伙伴系统(Virtual Learning Companion System,简称 VLCS)的本

质是利用人工智能技术,让电脑来模拟教师和同级学生的行为。人工智能在 CAI 中的作用,存在着一个认识不断发展的过程。20 世纪 80 年代初提出智能导师系统的概念,即企图用电脑模拟教师的行为;20 世纪 80 年代中期提出让电脑扮演学习者的角色,而不是当教师;20 世纪 80 年代末期更进一步提出了让电脑同时模拟教师和学生(多个或至少一个)的行为,从而形成一个虚拟的社会学习系统(参见图 1-7)。台湾学者陈德怀是目前研究虚拟学习伙伴系统方面的代表人物。

图 1-7 虚拟社会学习系统

(十六)虚拟学习社团

虚拟学习社团是指利用网上群体虚拟现实工具 MUD/MOO 支持实时或异时的学习交流。公告牌(BBS)、新闻组(Newsgroup)、聊天室(Chat)、电邮列表(Listsev)是一些比较经典的虚拟学社支持工具。MUD/MOO 是 20 世纪 90 年代中期才开始在 Internet 上流行起来的多用户异步通信系统,MUD 代表虚拟的多用户空间 (Multi User Dimension)。MOO(Multi user dimension Object-Oriented)是由 MUD 发展而来的,是一种面向对象的 MUD,它通过对由各种 MOO 对象构成的核心数据库的共享来向用户提供虚拟社会环境。每一个用户通过自己的客户机程序进入 MOO。MOO 提供实时的在线通信,它引入房屋空间隐喻的概念,一个"房间"有一个议论主题,使得在实际地理位置上处于分离状态的用户能够在一个共同概念空间中进行交互和协作。MUD/MOO 本来是为支持网上虚拟社会中的交际活动而设计的,但近年来,MUD/MOO 越来越多地被应用于教育和研究工作中,它为网上合作学习提供了新颖而有效的手段。

(十七)网络协同实验室

网络协同实验室(Collaboratory 或简称 Collab)实际上是对真实实验环境和虚拟实验平台的集成,它实现了基于网络的问题求解过程。在协同实验室中,学生可以同学习伙伴一起设计实验,并通过模拟软件观看到实验结果。直到他们认为方案成熟,就可以转移到真实的实验环境中完成实验,以验证真实的情形。学生的所有行为都会被系统记录,以供进一步研究找出最佳学习路径或分析实验中的交互行为。

网络协同实验室中的学生之间分别组成一个个学习小组,所有学习小组构成一个学习型社会。在实验过程中,只有组长能够控制实验器材,获取实验数据。其他成员只是向组长提供想法和观察实验结果。当然,组内的每一名成员都进行了明确的分工,他们各司其职。教师在整个实验过程中监控每一个成员的表现和实验结果。

(十八)计算机支持的讲授

计算机支持的讲授(Computer-Supported Lecturing)系统包括电脑多媒体在课堂教学中的多种应用,例如:电子讲稿制作与演示,用网络化多媒体教室支持课堂演示、示范性练习、师生对话、小组讨论等。电脑在课堂教学中的应用使传统的教学形式得到新生,并且有助于教师在信息化时代的教学过程中继续发挥其应有的作用。

(十九)虚拟教室

虚拟教室(Virtual Classroom,简称 VC)指的是在电脑网络中利用多媒体通信技术构造的学习环境,可以使身处异地的教师和学生互相听得着、看得见,不但可以利用实时通信功能实现传统物理教室中所能进行的大多数教学活动,还能利用异步通信功能实现前所未有的教学活动,如异步辅导、异步讨论等。

(二十)认知工具

这里所说的认知工具(Cognitive Tools)指的是那些能够帮助学习者锻炼思维能力的软件系统,可以起到这种作用的软件有许多种。值得一提的是有一种所谓概念映象(Concept Mapping)工具,是专门用来建立“概念地图”的。概念地图实际上是语义网络的可视化表示,图中有许多节点,节点与节点之间的关系用加语义标记的连线来表示。例如,有一个名叫“灵感”的概念造象软件很受教师欢迎,它可以让学生把课程中的所学知识元素按语义建立关联,有助于知识的系统化。

三、教育信息化与教育改革的关系

教育信息化为我们描绘了未来教育发展的美好前景,但是,我们必须清醒地认识到,信息技术的应用不会自然而然地创造教育奇迹,它可以促进教育革新,也可以强化传统教育,因为任何技术的社会作用都取决于它的使用者。一般的观点是,教育技术变了,教学方法也得相应变革。而教学方法的选择是由教师的教育观念所支配的。如果说信息技术是威力巨大的“魔杖”,那么教师就是操纵这个魔杖的“魔术师”。因此,对于我国广大教师来说,面对正在来临的教育信息化浪潮,认清教育改革的大方向,懂得如何利用信息技术来支持教育改革和促进教育发展,是十分必要的。

那么,信息技术对于教育改革有什么作用呢?我们可以从两方面来分析。一方面是由于信息技术在社会各领域的广泛应用带来了信息的多源性、可选性和易得性,学生们可以轻易获得大量信息,这就使得教育者的权威受到削弱。由此迫使教育者采取两种姿态:一是趋向于比较民主的教育模式,二是教育者本身也得利用信息来强化自己。这是一种在信息技术刺激下顺应教育变革的姿态。另一方面是出于对现行教育状态的不满而千方百计地寻求教育改革之路,其中有一种思路就是相信现代化信息技术可以成为当代教育改革的强大支持力量。这是一种利用信息技术来谋求教育变革的姿态。当然,在多数情况下这两种姿态是互相交织的。

并不是所有教育改革都是合理的、有效的。为了有效地进行教育改革,我们首先必须认清当前世界教育改革的大方向,清楚地认识传统教育的弊端是什么,革新的教育有什么特征。1993 年美国教育部组织了十多位资深专家(B.Means 等)撰写了一份题为《用教育技术支持教育改革》的报告,为如何运用现代化教育技术进行基础教育改革提供了指导性框架,并很大程度上反映了国际教育界关于面向 21 世纪教育改革的共识,值得我们借鉴。报告提出了革新教学的若干特征,从表 1-1 中我们可以看出革新教学与传统教学之间的明显差别。

表 1-1　传统教学与革新教学之特征对照表

传统教学	革新教学
教师指导	学生探索
说教性的讲授	交互性指导
单学科、脱离情境的孤立教学模块	带务实任务的多学科延伸模块
个体作业	协同作业
教师作为知识施与者	教师作为帮促者
同质分组(按能力)	异质分组
针对事实性知识和离散技能的评估	基于绩效(面向过程)的评估

那么,我们应该怎样利用信息技术对教育进行改革呢?首先有个策略

问题。按照 B.Means 等人的观点,现代教育改革的核心是使学生变被动型的学习为投入型的学习(Engaged Learning),让他们在务实的(Authentic)环境中学习和接受挑战性的学习任务。在教育中应用技术的未来目标是促进教学形态由低投入(被动型)转向高投入(主动型),而用于教育的信息技术从性能上讲有高低之分(为方便起见,以下简称"高技术"与"低技术")。

有了这些认识,我们就可以建立一个关于利用技术支持教学改革的策略空间。如图 1-8 所示,我们目前的教育状态基本上是属于低技术支持的低投入型学习(方案 A)。选择教学改革策略如同走象棋,存在多种走步策略:

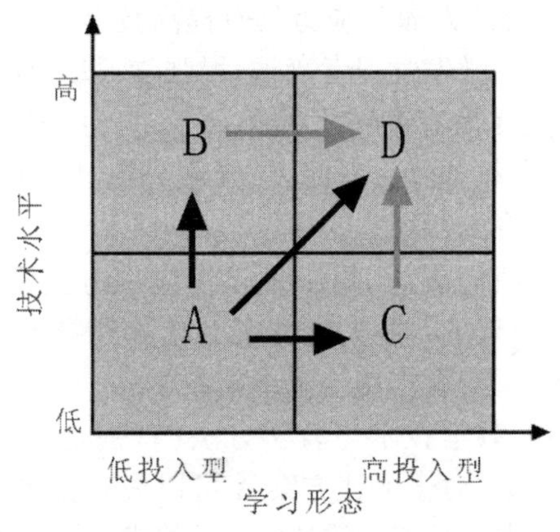

图 1-8 利用技术支持教学改革的策略空间

(一)一次性的简单策略

A→B:用高技术来支持被动型学习。假定教学模式无根本变化,教学过程中较多地使用高技术来替代教师的教学授递功能。学生仍然处于被动的学习状态。

A→C:用低技术来支持投入型学习。假定教学模式有重大改革,贯彻了以学生为主体的思想,教学中应用一些比较普通的媒体技术作为辅助手段。

A→D:用高技术来支持投入型学习。假定在教学中以高技术为重要教学手段,并且教学模式有重大改革,体现了革新教学的许多特征。

(二)二次性的简单策略

A→B→D:先用高技术来支持被动型学习,然后转向投入型学习。

A→C→D:先用低技术来支持投入型学习,然后进化为用高技术支持投入型学习。

(三)综合性的策略

上面所说的策略分析是以线性思维为基础的,但是事物的实际发展一般不可能是直线型的。我们假设可以采取综合性策略,在不同的教学阶段,针对不同的教学目标和学生特点,采取不同的教育技术应用模式。为了能够合理地选择技术应用模式,我们首先必须认清不同改革方案的教育价值。

方案 B 的假设与传统的课堂教学模式并没有多大的差异,正如人们通常批评的那样,传统课堂教学是一种灌输式的教学,那么,我们可以说方案 B 的作用是以“电灌”代替“人灌”,应该具有提高教学效率的作用。此外,好的媒体化教学还应该具有激发学习者兴趣、增强学习动机的作用。

方案 C 的假设是在没有高技术的条件下进行的教学改革,充分发挥了人的积极因素,可以在教师作为帮促者、异质分组、协同作业、基于绩效的评估等方面体现革新教育的特征。

综合以上的分析我们看出,每一种技术应用方案都有它特有的教育价值,并且是难以相互替代的。我们把方案 B 看作用技术强化传统教学,把方案 C 和 D,特别是方案 D,看作用技术革新教学。

对于教学者来说,教学技术与教学方法(特别是教学模式)既可相互独立又可相互联系。例如,对于上述方案 A 可以说是技术变了而方法没变,方案 B 则是方法变了而技术没变,而方案 C 是技术与方法都变了。

教学技术本身是媒体与方法的结合。然而,当你把技术用于课堂教学时,你还可以通过不同的授递环境改变其预定的教学模式,这是教育技术的实用学问题。例如,一个具有高度交互功能的微世界软件,如果在一人一机的授递环境中,学生与机器(电脑)之间就有良好的互动效果,他们可以“做中学”(Learning by doing)。但是,如果你把它放在一个电脑多媒体播放系统中,由教师一人操作,学生只能观看,他们就变为“看中学”(Learning by seeing)。“做中学”与“看中学”代表着两种截然不同的教育哲学和教学方法。

教学中最好的效果是,在使用技术时,应做到人机优势互补,机器(各种媒体技术)所擅长的事让机器去做,人(教师)所擅长的事留给人做。

怎样选择合适的技术来支持教学改革呢?这里有许多复杂的因素需要加以考虑。其既有主观方面的(如教育观念)因素,也有客观方面的(如人、财、物、设备条件等)因素。但是,在你做这类考虑前,必须懂得各类技术在支持教育改革方面的不同作用。米因斯(B.Means)等人曾提出一些建议,现概括于表 1-2,对我们有一定参考作用。

表 1-2　教学技术对教学革新的支持作用

教学革新的特征支持技术	学生异质分组	基于绩效的评估	务实的多学科任务	协同作业	交互性指导	学生探索	教师作为帮促者
电子数据库		×	×			×	×
电子参考工具			×			×	
超媒体	×	×	×	×	×	×	×
智能 CAI					×		×
智能工具					×	×	×
基于微机的实验室			×	×		×	×
微世界与模拟		×	×	×	×	×	×
多媒体工具与手段	×	×	×	×		×	×
网络及其应用	×	×	×	×	×	×	×
双向视听远程学习	×				×		×
电视摄录编系统	×	×	×	×		×	×
录影光盘与 CD-ROM			×	×	×	×	×
文字处理及智能写作工具		×	×	×		×	×

也许有人可能会很自然地提出这样的疑问:既然像图 1-8 中的方案 C 那样,用低技术也能支持教育改革,那么方案 D 有必要吗? 这涉及对教育技术,特别是媒体技术的教育作用的认识问题。按照行为主义的观点,教学就是通过提供一定的刺激来激起预期的学生反应,可以说利用任何媒体都可以产生满足这种需要的刺激,教学中起作用的是方法而不是媒体,这就是以科拉克(美国著名的教育技术专家)为代表的学媒无关说的要义。但是,当前国际流行的建构主义教学观则认为媒体与方法同样重要,因为没有适当的媒体很难创设允许学生自由探索和建构的学习环境。也就是说,现代信息技术在教育中的作用具有不可替代性。建构主义学习理论是与我国倡导的创新教育密切相关的。为了认识这一问题,我们首先要明白创新教育的本质特点是什么,然后将这些特点与信息化教育模式相联系。

现在教育学中提倡创新教育,其最终目的是培养具有创造性思维、创造性人格和创造性技能的人才(钟启泉,1999)。创造性思维有哪些重要性呢?美国艾奥瓦州教育部曾提出一个三元结构模式,它包括基础性思维(常规思维)、批判性思维和创造性思维三方面。基础性思维依赖于从课程教学中所接受的知识,是大多数学生都能获得的;批判性思维依赖于基础性知识,能够对知识进行重组;创造性思维需要依靠基础性思维和批判性思维,能够为人类社会产生新的知识。这三类思维的整合形成复合思维过程,具有较大的创新潜能(图 1-9)。因此,我们可以将这个整合思维模式作为创新人才的思维能力结构。

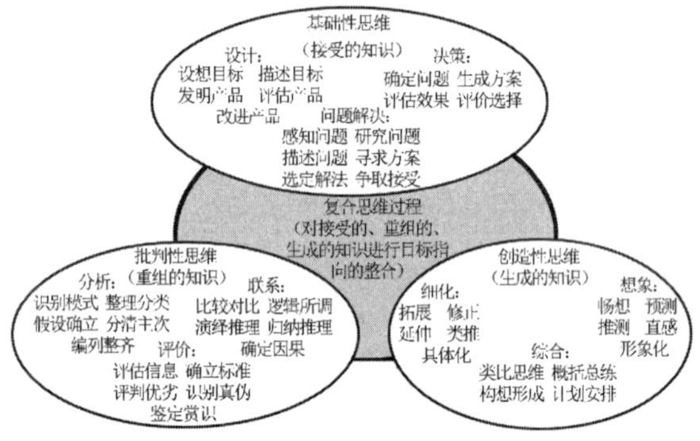

图 1-9 创新人才的思维能力结构

从图 1-3 信息化教学模式的文化分类中我们可以看出,客观主义的教学模式在培养基础性思维方面是比较切实有效的,而建构主义的学习模式在培养创造性思维和批判性思维方面上有独到之处。由此可见,创新教育既需要客观主义的教育文化,也需要建构主义的教育文化。另外,现代创新人才应该既有自主意识又有合作精神,这意味着创新教育既需要个体主义的教育文化,也需要群体主义的教育文化。由此我们得出一个结论:利用信息技术支持创新教育,我们需要整合多元教育文化和综合运用多种教学模式。

四、我们应如何迎接教育信息化的挑战

面对正在迅速发展的教育信息化时代,我国的中小学教育界应采取什么行动?对此,有关专家提出了以下建议:

(一)正确认识信息技术在教育中的地位

首先,我们应该正确认识信息技术在教育中的地位。当最初人们用电脑辅助教学时,第一个直接的想法是让电脑扮演导师的角色,从程序式教学

中发展了后来的智能导师系统。麻省理工学院的 S.Papert 教授提出一个截然不同的见解，他认为应该让电脑扮演学员的角色，而让学生充当老师来教电脑做事，并为此设计了一种适合儿童使用的图形程序语言 LOGO，使儿童可以从使用这种语言上来指挥电脑作图、绘画，逐步进入程序设计的抽象殿堂。既然电脑可以当老师和学员，为什么不可以当平辈的学伴呢？现在已经出现了虚拟学伴系统，可以与学习者进行互帮互学。电脑还可以充当教师和学生的助手，例如帮其寻找和整理资料、代理通信联络、提示事务日程等。以上这些都可以当作信息技术的拟人作用。

其次，信息技术在教学中的拟物作用越来越受到重视。我们可以用电脑和网络构造便于学生进行探索性学习的情境，如微型世界、虚拟实验室、虚拟学社、虚拟教室等。利用网上资源丰富的特点，我们可以发展基于资源的学习。更自然的做法是让教师和学生使用信息工具，包括效能工具、认信工具、通讯工具，支持他们教与学的活动。图 1-10 较好地刻画了信息技术在基于教育中的拟人和拟物作用。

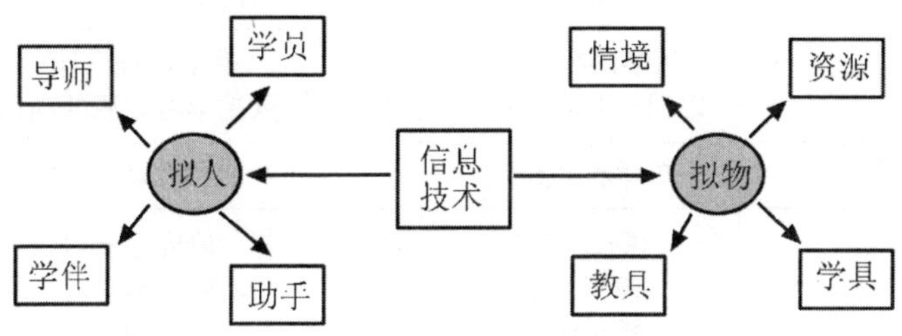

图 1-10　信息技术在教育中的作用

很明显，伴随着以学生为主体的教育思想日益深入人心，信息技术的拟物作用和从属拟人作用越显重要。

(二) 学会运用信息化进行教学设计

人们对当前我国信息技术教育应用的实际情况的认识有着许多片面性。人们一讲到电脑辅助教育就认为它是开发课件。其实课件只是信息化教育系统的一个构件，图 1-11 清楚地描述了课件的地位。课件本质上是目标特定的结构化学习材料，光有课件还不能构成一个完善的教学系统。一般来说，一个完整的信息化教育系统除了课件外，还需要一个功能强大的学习管理系统，并且还需要利用多种信息工具和大量的信息资源作为教学支撑。

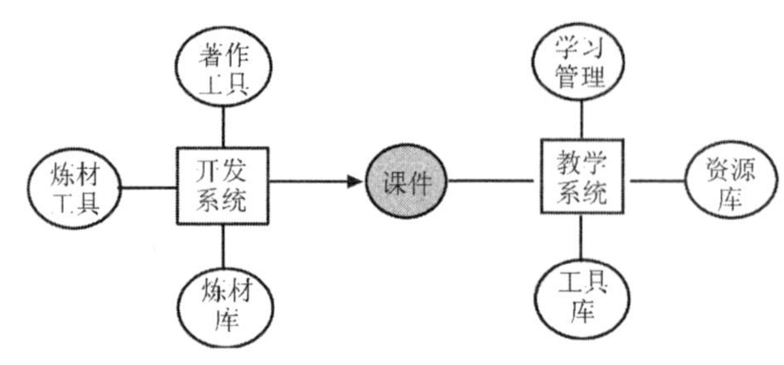

图 1-11　课件在信息化教育系统中的地位

随着信息化教育的不断发展,我们的教学设计水平也应进行变革,已经从经典的 CAI 设计进化到信息化教学设计。这里所说的信息化教学严格地说是 E-Learning(信息化学习)。信息化教学是以教学过程的设计和学习资源的利用为特征的。表 1-3 简要描述了经典 CAI 设计与信息化教学设计的主要区别。

表 1-3　经典 CAI 与信息化教学的区别

	经典 CAI 设计	信息化教学设计
设计核心	教学内容设计, 以课件开发为中心	教学过程设计, 重视学习资源的利用
学习内容	单学科知识点	交叉学科专题
主要教学模式	讲授/辅导 模拟演示 操练练习	研究型学习 资源型学习 合作型学习
教学周期	课时	星期—学期
教学评价	依据行为反应	依据电子作品

(三)坚持以学生的发展为本

发展教育信息化的最终目的是促进以素质教育为核心的教育改革不断前进。在实施信息化教育时应该始终坚持以学生发展为本的思想,具体应该做到以下几点:

1.信息教育+信息化教育

在教学中,信息教育应该与信息化教育相结合,也就是说在进行信息科技教育时,教师不要过分注重学科的知识性学习,而应该关心如何应用信息技术工具来解决问题,特别是要把信息技术的学习与学科教学结合,让学生把技术作为获取和加工信息、为解决问题而服务的工具。

2.人脑+电脑

在教学中,人脑与电脑也应该协调作用,实现功能之间的互补。电脑具有信息处理速度快和记忆容量大的特点,可以极大地减轻人们在信息记忆和简单性加工方面的负担。因此人们可以把脑力集中于研究复杂问题的解决方法上。在教育上,我们应该特别注意改进教学方法,即从单纯教知识转变为注重教方法,从学习解决结构化问题到解决半结构化问题。

3.左脑+右脑

当前社会,不少人批评现在的大多数学校是左脑型学校,因为目前的教育方法以抽象性知识的灌输为主,比较适合善于形式思维的左脑型学生。教师利用电脑多媒体技术教学,可以使抽象的知识形象化,使得那些右脑型学生更容易获益。

4.创新+爱心

即便是到了能够运用信息技术进行自动化教学的时候,教师的作用也是不可替代的,他们可以用更多的精力来研究如何利用信息技术支持创新教育和情感教育等方面。教师对于学生的爱心是成功教育的重要因素。教育信息化能否帮助教师减轻工作负担,使他们能够把更多的精力投入情感教育?目前看来不能,因为教师必须首先学会如何在教学中应用信息技术,进行信息化教学资源的开发。一种可行的办法是鼓励资源共享,让他们懂得如何利用现有的资源,而不是搞大量的低水平重复性开发。

五、信息技术的发展对现代教育产生的影响

(一)信息技术在教育领域中的应用是人类文化发展的第三个里程碑

在人类社会文明的发展过程中,任何一种信息媒体技术应用于教育都曾对教育产生过巨大的影响,以文字和印刷术的出现为代表的技术进步更是在教育领域引发了一场巨大的变革。

在文字被创造出来之前的很长一段时间里,教育的方式主要是以口授为主,加之面部表情和手势动作,等等。以雄辩术、演说术为表征的语言技术一直是当时最主要的教育技术。但是当人们需要把教育内容中的知识、经验、思想信息长期保存、随时再现或大范围同步传播时,语言技术的局限性就凸现出来了。文字技术的出现突破了这种局限性,并逐步上升为教育活动中的主导技术。它的出现使书面语言加入以往只能借助口头语言和动作语言进行的教育活动中,不仅扩展了教育的内容和形式,而且大大提高了学生的抽象思维和自学能力。特别是印刷术的发明和应用,使得文字传播技术产生了革命性飞跃,并引发了以文字信息为传播对象的教育群体,使印刷体的书籍、课本成为文化的主要载体,由此推动了文化的传播和近、现代

教育的普及。这两大信息传播技术的产生和应用堪称人类文化发展中的两大里程碑。

但是,在教育技术先后经历了传统技术(口语、文字、黑板、粉笔、图片、模型和实物等)、视听媒体技术(摄影、幻灯、投影、无线电广播、电影、电视和语言实验室等)以后,进入 20 世纪 90 年代以电脑技术和通信技术为基础的信息技术阶段以来,高科技以前所未有的加速度奏响了跨世纪宏伟乐章的主旋律。“多媒体”和“信息高速公路”在人类文明从工业化时代向信息时代转变的过程中,更是以惊人的速度改变着人们的工作方式、学习方式、思维方式、交往方式乃至生活方式。毫无疑问,当代信息技术在教育中的应用将成为人类文化发展的第三个里程碑。

(二)当代信息技术对教育技术体系各分支产生的影响

从本质意义上讲,教育技术是为达到既定的教育目标、优化教学过程而使用的手段和工具。联合国教科文组织曾经提出:“从新的和更加广泛的意义上讲,‘教育技术’是对教与学的全过程进行构思、实施和评估的系统方式,既包括技术的资源,又包括人的资源以及人机之间的交互关系,并以此来实现更有效的教育。”

从功能结构方面来看,教育技术是科学技术的一个特殊分支,主要表现为相互联系的五大分支:教育模式、教育传播技术、教育资源利用技术、教育研究技术和教育评估监控技术。以电脑技术和通信技术为代表的当代信息技术应用于教育教学中以后,这五大分支中的前三项产生了本质性的变化。下面将分别对此进行阐述。

1.对教育模式产生的影响

教育模式的范围很广,大致说来主要包括教育体制、教育组织形式和动作规则等主观形态的技术。它体现了知识积累、社会文化传递的渐进性,是优化教育资源配置、实现既定教育目标的最基本、最有全局意义的方面。

传统教育是应用时间最长的教学模式,它是以教师为中心,知识的传递主要靠教师对学生的讲授,作为认知主体的学生在教学过程中自始至终处于被动状态,其主动性和积极性难以发挥,不利于培养学生的发散性思维、批判性思维和创造性思维,也不利于创造性人才的培养。在以知识为关键要素的信息时代,传统教学模式里培养出来的人难以适应知识翻新速度快、问题出现类型复杂的时代要求。

为了改变这种状态,国内外的众多教育工作者、教育技术专家从理论和实践两个方面做了大量的研究和探索,一致认为:发展与应用现代教育技术,促进教育现代化,关键在于“探索新型的教育模式”。电脑多媒体和互联网络技术的发展与应用,为新型教育模式的出现提供了技术上的保证。目

前,在国内外基于多媒体和网络技术的教育技术应用大体有以下四种模式:

(1)“多媒体组合课堂教学”模式。它建立在传统媒体和现代媒体的基础之上。这种模式的特点是:①教师在课堂中起主导作用,控制教学过程;②现代教学媒体与传统教学媒体有机结合;③教师通过教学设计确定教学目标、选择教学媒体、策划教学过程、进行学习评价。

(2)“多媒体电脑辅助教学”模式。它建立在电脑多媒体技术用于课堂教学的基础之上。其特点是:①教学环境是多媒体电脑及依据教学目标设计、反映教学策略的教学软件;②以多媒体的方式显示教学内容;③教学信息按超文本(非线性)方式进行组织,符合人类的联想记忆方式;④具有良好的交互界面,学习者必须通过一系列交互操作来进行学习;⑤用CD-ROM贮存教学信息,信息量大。

(3)“网络教学”模式。它建立在互联网的基础之上。其特点是:①提高信息的传播与利用率;②学生不受时间、地域的限制,主动地进行学习;③学生能按照自己的进度、自主地选择自己所需要的学习内容;④教师与学生、学生与学生之间可以平等地通过“协商”进行学习。

(4)“虚拟现实教学”模式。它建立在电脑仿真技术的基础之上。虚拟现实是多媒体与仿真技术相结合而成的一种交互式人机世界,它可以创造出一种身临其境、完全真实的学习环境。

综上所述,新型教学模式不同于传统教学模式的特点是:教师由知识的传授者转变为教学活动的组织者;学生由知识的被动接受者转变为主动探究的发现者;媒体由辅助教师演示、讲解的工具转变为学生手中的认知工具;教学过程转变为“创设学习环境,学生主动探索”的过程。

2.对教育传播技术产生的影响

教育传播在教育活动中处于核心地位,它既包括远距离、大范围的声像图文信息传播技术,也包括面对面的课堂形体、语言传播技术;既包括以教学演示、实验、信息传播为目的的工具技术,也包括教学方法、工艺、过程、技巧等智能技术。

随着社会的发展,互联网的智能化、个人化,多媒体的综合业务数字网使得全世界任何地方的用户随时随地都可以与其他任何地方的用户通过任何方式进行通信,为人类提供了全新的信息通信服务。同时其也使得人类信息的传播呈现网络化。网络传输的宽带使得信息传输的速度不断提高,各种网络传输协议的成熟也带来了如电子邮件、电子公告牌和信息检索等多种网络信息服务,真正实现了信息资源的共享。较之利用传统媒体进行信息传输的速度慢、信息量小、存储不便来说,当代信息技术在信息传输上体现了以下几点优势:

(1)信息传输实现了网络化。它为学习者提供了多媒体办公通信系统,例如电子邮件、图文传真机、可视电话等,为学习者的学习提供了方便。学习者可与异地学习者进行交流、协商、探讨,实现了自主学习。同时它能提供十分方便的联想式、非线性即时在线式的超媒体信息检索和查询服务,打破了传统教学中学习者线性阅读的方式。

(2)信息呈现实现了多媒体化。多媒体技术的发展为人机之间的信息交流提供了全新的手段,与应用其他媒体的教学系统相比,多媒体教学系统具有多重感官刺激、信息量大、传输质量高和交互性强的特点。

(3)信息贮存实现了光盘化。与传统的文字教材相比,信息贮存呈现了信息量大、存贮速度快、表现形式多种多样、交互性强和非线性的优越性。

3.对教育资源利用技术产生的影响

教育资源的利用主要表现在两个方面,即教育信息整合与资源利用。信息整合技术所解决的是科学知识的存储、分拣。资源利用技术所谋求的则是人力、智力、信息资源、工龄、设施、资金、环境的充分利用和效益最大化。

在信息化社会,信息量的增长速度很快,电脑等新的信息获取手段的飞速发展,扩充了个人想要利用信息时信息选择的余地。同时,个人不仅接受、利用信息,而且也参与包括信息的生产和发布在内的活动。这就使双向信息传输有了可能,信息资源通过互联网络实现了资源共享。

电脑等作为一种信息获取手段,它不是针对大众,而是针对个体发出信息,个体可在他愿意获取信息时随时获取、再生并发出信息。新的信息获取手段大幅度地扩充了教者与学者的双向信息交流,为学习者创设了个别化教学的学习环境。新的信息获取手段作为真正的个体信息媒体有可能符合每个学习者的学习进度与特性。

远程通信也可以被用来获取信息。学生和教师只要向众多公开信息服务机构中的一个机构进行订购,便可以接触到各种各样的报纸、杂志和其他基础材料,比在任何学校中以具体形式得到的多得多。网络中大量的信息资源对于学习者来说是开放的。信息的价值良莠不齐,学习者在对信息长期的接触中,要通过教师的指导,形成“信息能力”。

(三)信息社会的发展对教育提出了新的要求

著名学者 E · 拉兹洛在其 1992 年提交给罗马俱乐部的报告《决定命运的选择》中指出:“在 20 世纪末和 21 世纪初,规定世界权力与财富性质的游戏规则已经改变。……一个比黄金、货币和土地更灵活的无形的财富和权力基础正在形成。一句话,以‘信息’为标志。”信息技术的发展,电脑互联网和移动电话、传真机等的广泛使用,使人类历史进入了以信息化为标志的新纪元。

国际21世纪教育委员会向联合国教科文组织提交的报告《教育——财富蕴藏其中》中指出:“不久以后,人机对话的技术将使人们不仅能发送和接收信息,而且能不受距离和运作时间限制地进行对话、讨论、传递信息和知识。”

在信息化社会高度发展的今天,知识是一个关键性的要素,教育是信息时代的根本。在漫长的人类历史中,我们的教育主要以传递知识和累积文化为目的,教育是指向过去的;进入工业社会后,教育指向现实,具有明显的功利主义色彩,有急功近利的局限性;进入信息化社会后,教育则必须面向未来。联合国教科文组织发布的《学会生存——教育世界的今天和明天》(简称“富尔报告”)中指出:“教育在历史上第一次为一个尚未存在的社会培养着新人。”随着电脑互联网络和通信等信息技术的日益发展,社会中人们的生活方式、工作方式、学习方式以至生产方式等都在发生着显著的变化。信息社会中信息的获取、分析、加工和利用能力直接决定着学习者信息素质的高低,这是信息社会对新型人才培养提出的基本要求。达不到这样的要求,将无法适应信息社会的学习、工作、生活和竞争的需要,就会被信息社会所淘汰。“读、写、算、信息”已成为信息社会中文化基础的四大支柱。

当前,世界上各个国家都在大力发展信息技术教育,我国也在积极推进中小学信息技术教育的进程,广泛运用现代信息技术为中小学课程、教材、教学改革服务。这是面向21世纪国际竞争,提高全民素质,培养具有创新精神和实践能力的新型人才的一项重要措施。我们应抓住机遇,加快发展,努力缩小与发达国家在信息技术教育上的差距。

(四)信息技术教育实施过程中应注意的问题

信息技术教育是教育技术学中的一项重要研究内容。从教学的本质来说,学习是根本,学习是一种信息处理过程,学习的效益很大程度上取决于信息处理能力。所以说要培养学习者学习的能力就必须培养学生的信息处理、加工能力。信息技术教育的开展有利于培养学习者的未来意识和创新意识,有利于培养学习者自主学习、独立思考的能力,有利于素质教育的实施。

信息技术教育最本质的目标应该是发展人的教育,这其中包括人的信息素养、创新精神以及人的全面发展。那么,在对信息技术教育实施过程中,指导信息技术教育行动的思想和策略就应从人发展教育的目标而来、从学习中来,向全世界学习;从历史经验中来,在教学实践中不断探索;从科学研究中来,总结信息教育的步骤。

在对信息技术教育实施的过程中,课程目标的指定要充分考虑学生的心智发展水平和不同年龄阶段的知识经验和情感需求;内容上要考虑到与其他学科课程整合的要求，以电脑和网络技术为主，但又不能偏离信息技术对人能力培养的要求而单独学习电脑网络技术，要在观念上认清电脑教育与信息技术教育的本质区别；教材的编写要以培养学生应用信息技术解决实际问题为主线，培养学生提出问题、分析问题和解决问题的综合能力。

信息技术教育的推广，除了以上对教学目标、内容和教材编写方面的要求外，各地教育部门应积极配合，加大资金的投入，做好对教师的培训工作。

第三节　优化教育信息化是当前中国信息化发展的当务之急

推广教育信息化，对学生进行信息技术教育以及在教育中应用信息技术，已成为我国教育界的共识，但如何实现教育信息化，如何走出一条符合我国国情的具有中国特色的教育信息化之路，是当今必须解决的问题。下面试对我国教育信息化当务之急必须实施的战略作一探讨。

一、必须建立教育信息技术学科

教育信息技术学科的建立，有利于解决我国研究信息技术在教育中的应用分为现代教育技术和电脑两大块，形成不了合力、资源不能有效配置和利用的现状与弊端，从而可以优势互补，将从事现代教育技术人士教育、艺术以及摄编技术方面的长与电脑人士 IT 方面的长相结合。此外，这个名称指向明确，时代特征明显，可更好地给教育现代化以导向作用。

教育信息技术学科的研究范围非常大，主要应对信息社会对教育的特殊要求，信息技术手段对教育革命的支持，多媒体电脑及网络的综合使用对学生心理的影响，基于多媒体及 Internet 的新学习模式，利用信息技术促进远程教育发展，多媒体及 Internet 支持下的教育形式，信息社会中教师的角色转换，基于多媒体及 Internet 的教与学的新方法，以及软、硬件平台的建设等方面进行研究。

二、科学设计学校信息技术教育

现在，信息技术教育在我国越来越受到重视，但在目标定位、教学体系设计、实践环节等方面都存在着亟须探讨、研究的问题。

（一）正确定位教学目标

当前，学校信息技术教育教材存在着严重问题，最主要的是教材中涉及的只是电脑硬件和软件,局限于技术层面,而且教材的大量篇幅只是提到软件产品的使用训练。同时现有的中小学信息技术教材也反映不出时代的气息,新的教育研究成果在这些教材中未得到充分体现。

专家指出,目前信息技术教育必须增加并强化以下几方面的教育:

1.信息观念和意识的教育。让学生们了解自己所处信息时代的特征,了解信息技术对社会的巨大影响,以此震撼学生的心灵,唤起学生的学习兴趣。

2.创新观和终生学习观的教育。让学生了解当前信息社会对人才的创新要求,了解信息社会的新型学习模式,了解信息社会对终生学习的要求。

3.信息道德观的教育。在网络社会中,这种全新的、自由度非常大的空间中,道德规范教育显得非常重要,因此信息技术教育必须贯穿信息道德观的教育,要让学生学会对媒体信息进行判断和选择,自觉地选择对学习、生活有用的内容,自觉抵制不健康的内容,负责任地使用信息技术。

(二)合理设计教学体系

信息技术课程是一门全新的课程,它对学生有着深远的影响,必须有高起点、高立意、高要求。

在建立教学体系的过程中,我们首先必须建立如下共识:(1)信息技术尽管体系庞大,涉及内容广泛,但要求中小学信息技术课程本身让学生所学的只是基础性的知识;(2)现在以及未来的电脑软件,将具有近乎统一的Windows风格、流行的窗口界面、一致性的通用工具图标、即时的交互及丰富全面的帮助功能等特点,这些特点既使软件学习变得非常简单,又使人们掌握了一种软件的使用方法后就可以举一反三;(3)信息技术教育在技术方面除了要让学生掌握信息获取、加工、利用的技术外,还必须让学生学会信息的生成、创造等技术。

所以,我们建立的中小学信息技术教育的教学体系,必须达到如下要求:

1.简明高效

在安排课程时,信息技术课程要集中,“战线”不能拉得太长,试行指导纲要中将该课程在小学、初中、高中分别设置的要求,值得商榷。

2.充分发挥学生的主体作用

在有限的教学时间内,教学内容不可能面面俱到,教师要让学生在实践中学习,学会自己学习,在该课程的教学中,教师是指导者和帮助者,而不应成为系统的讲授者,要提倡在用中学,避免学而不用。

3.内容讲授要直线上升不重复

电脑软件的自身特点,决定了作为信息技术基础教育的中小学信息技术课程不可能有高深的内容,信息技术教育不必搞螺旋式上升,教学内容没有必要在小学、初中、高中搞重复。

4.系统设计

系统设计指把对学生的信息技术教育置于基础教育系统中进行统一设计和安排。学生的信息技术的入门靠信息技术课程,且主要是让学生在上机操作中学习,提高学生的信息技术水平,即“个性塑造”和“文化内化”。一方面要依靠学过信息技术基础之后开设的各类信息技术选修课(如数字化音乐创作、电脑辅助设计、电脑统计、数字图像处理、数字视频加工以及网站建设等),建立各种兴趣活动小组,开展各种基于信息技术的竞赛;另一方面是将信息技术与各学科教学整合,将信息技术作为促进学生自主学习的认知工具、感情激励工具和丰富教学环境的创设工具,根据学生已有的信息技术基础,布置相关课程的 E-Work(电子作业),安排学生通过网络来获取信息、组织信息、加工信息、利用信息和发布信息,通过网络进行探索性学习、协作性学习。

5.优化教学内容

除了前面所说的信息观念、意识和道德教育之外,教师还要在培养学生具备迅速筛选或获取信息、准确地鉴别信息的真伪、创造性地加工和处理信息的能力上下功夫,即在技术方面应主要涉及电脑的基本工作原理、组成,操作系统,各种媒体素材的获取、加工、处理,网络手段的利用等方面。目前许多信息技术教材中用大量篇幅介绍 Authorware,这是不可取的,因为从发展趋势来看,将来的课件会统一到网络平台下,以用网页制作软件为主。根据现有的信息技术教材学习,学生只能将信息在网络上、在电脑中运行,即信息只局限于虚拟社会,不能与实体社会较好地衔接。为了将虚拟社会与实体社会更好地连接,使学生感受到信息技术与生活密切相关,信息技术课程中应包含数字化录音、数字化拍摄、数字摄像以及打印、光盘刻录等内容。此外,还要注意通过程序语言的学习进行逻辑思维的训练,注意信息技术下“E-读”“E-写”的训练。在 E-写训练方面,要让学生在单纯的手写的基础上熟练地掌握键盘鼠标输入、扫描输入、语音输入、拍摄输入、摄像输入等多手段的综合应用,学会图文并茂、声形并茂的多媒体写作方式,学会超文本结构的构思与写作。

6.适时切入

我国地域辽阔,各地经济条件和社会发展千差万别,这决定了全国信息技术教育的切入点不可能搞“一刀切”。在切入年级的选择上,经济条件越好、家庭电脑普及率越高、网络基础设施越好的地区,越应在较低的年级切入,但必须保证学生通过信息技术学习后,周边环境要有让学生继续学习、练习的条件,能让学生将学到的信息技术应用于日常学习和生活之中,也可应用于其他学科,保证更高年级的各科教学能与信息技术相整合,创造让学生通过网络学习的条件,如果这些条件得不到保证,则不宜过早切入,否则达不到应有的教育效果。

(三)竭尽全力创设实践条件

信息技术教育的发展离不开电脑,离不开网络,离不开上机、上网实践。而对广大中小学而言,要一所学校拿出几十万元配备可供全班同学同时上机的信息技术实验室,并使这些电脑全部上网,是极其困难的。但是,中小学不对学生进行信息技术教育又是绝对不行的。这是一对尖锐的矛盾,靠国家每年增拨教育经费来解决也不现实。为解决信息技术教育装备的经费问题,教育部在《关于在中小学普及信息技术教育的通知》中明确了多种措施,但仅有这些措施是不够的,还必须另辟蹊径。我们认为解决此问题的有效办法之一是信息技术教育实践社会化。

信息技术教育实践社会化,与学校后勤社会化相似,它指的是由政府制定政策鼓励私人或企业投资兴办可供全班学生同时上机练习的网络电脑房,中小学生就在这些网络电脑房里进行信息技术课程的上机实验。这是对学校和投资者来说都是双赢的事。

首先,从投资商一方来看。我国大中小城市的许多网吧在周一到周五这些大多数人的工作时间内,基本上处于零运营状态,而将零运营的时段用来供学校组织学生上机练习,无疑大大提高了设备的利用率,这对网吧经营者来说是求之不得的事。当然直接用现有网吧是不行的,对租借做信息技术实验的网吧,要具有同一室内机器多(保证全班学生每人一台机)、技术力量强、离学校不远、安全设施好、经营者道德素养高、网络资源和环境净化等条件。

其次,从学校一方来看。如果学校办机房,不仅一次性投资大,而且正常维护、保养费用高,还要配备专人负责。而改为租借网吧供学生上机练习,只需付上机费即可,上机费也可以很低,因为学生实验上机人数众多,又是利用网吧零运营的时段。测算表明,学校利用社会性网吧进行上机实验,比自己建机房节省约四分之三的费用。而且,这种上机费用可让学生自己承担一定比例,让学生更好地珍惜上机的机会。

信息技术教育实践的社会化,实际上是市场经济手段在信息技术教育中的应用。要想让信息技术教育实践社会化顺利进行,必须辅以配套的政策和措施,比如,不能以学校拥有电脑的数量作为信息技术教育的评估指标以及学校教育现代化程度的标志。再比如,对拟租借用于信息技术教育实践的社会上的网吧,教育行政部门要提出具体规范和软、硬件指标,经教育行政部门评估论证并挂发类似“××信息教育实践社会化基地”的牌匾后,将其纳入教育行政部门能对其加以规范和管理的健康发展的轨道,促使投资者追求社会效益与经济效益的统一。这些挂了牌匾的网吧的管理人员,会成为学生业余时间上网的指导者,从而也可使网吧成为育人的理想场所。

对于经济发展比较缓慢的地区,即便是信息技术教育实践社会化了,也将会出现一些学校付不起学生上机费的情况,针对这些学校,财政应给予专项补助,应将之作为扶贫的一个重要方面。

(四)建设优良的师资队伍

信息技术教育的发展对该科教师提出了很高的要求,但是现在学校中多数从事信息技术教育的教师并未进行过系统的信息技术教学法的学习、训练,更未对信息技术教育从理论层面上进行过研究和探讨。对信息技术教育师资的高期望与低水平、低素质的现状之间的矛盾,严重制约着信息技术教育质量,因此让教授信息技术课的教师补上教育信息技术学这一课显得特别迫切和必要。

三、对教师进行全面培训,快速更新教师的教育观念

教育信息化的发展对教育行业提出了两个十分重要的课题——信息技术教育和基于信息技术的教育,以及信息化教育具有的教材多媒体化、资源全球化、教学个性化、学习自主化、任务合作化、环境虚拟化、管理自动化的特点,都历史性地向教师提出了新要求。

教育信息化的核心环节是在教育中实践,在教育中应用,即教师、学生及管理者将信息技术整合应用在教育系统中,从而实现更高效、更高质量的教育活动。正如张建伟博士所指出的那样,人件——人力资源,是推动信息化实践的三个基本的发力点,而教师是基本发力点的要素之一。教育信息化无疑需要全国数以千万计的教师的参与和努力,需要广大教师去身体力行,然而我国教师队伍的现状距此要求相差太远。

现在,我国教师的学历层次的提高速度很快,如果只是从学历提升率来看,教师队伍的发展形势喜人,然而学历的提升,主要表现在教师学科专业水平的提高,观念、思想并未随之呈正比上升。在信息技术对教育产生影响的今天,教师最缺少的是时代观、创新观、改革观,现在许多教师不管社会如何变化,其教学方法、教学手段总是一成不变,这导致教育的现状与时代发展极不合拍。

信息技术的发展构成了一个网络化、数字化和智能化有机结合的教育环境,在这种新的信息技术环境中,既要求教师掌握现代化的信息技术手段,又需要教师用全新的观念和理论去重新审视、指导教育教学活动的各个

领域和环节,且观念层面的现代化是教育现代化的关键和内核。可是,我国教师队伍中最缺的就是信息技术手段和现代教育观念。我国忽视了对教师的信息技术教育,中小学教师很少接触电脑,其信息技术方面的知识和技能几乎为零,至于现代教育观念,更是许多教师的空白点。现在多数教育工作者仍在用老眼光、旧观点来看待、对待新的教育问题,不了解信息社会教育观念的丰富内容,不知道如何利用信息技术推进教育的整体变革,不知道如何在自己的教学中培养创新人才。有不少教师对信息技术感到畏惧,在信息技术面前束手无策,甚至有的教师对信息技术有抵触情绪,因此,对教师进行信息技术和现代教育观念的培训,显得特别迫切。

在信息技术对教育产生如此重要影响的今天,必须改变对教师一味要求高学历的片面做法,应在提高教师的信息技术与课程的整合能力,增强改革意识,变革教育观念、教育思想,提高教育科研能力,培养自学能力等方面采取切实可行的措施,让教师具有与时俱进的能力,师范院校的教育信息技术课程(目前多数还称为现代教育技术课程)也应在培养师范生各方面的能力上下功夫。

四、各方协调发展,优化建设中文网络教育信息资源

我国总体上对教育信息技术的投入并不少,比如我国教育科研网在2000年到2001年间扩速,仅其中的主干网就耗资2.2亿元,但资金流向不尽合理,造成了资金的投入与其在教育中产生的效果不相称的局面,主要存在两大倾向:

一种倾向是,盲目对设备设施进行投入。在设备设施的投入上不讲科学,搞冒进,教育资源发展严重滞后,"有路无车、有车无货",设备设施未能发挥应有的作用。教育部提出的"培训在先、建库在先、建网在后"的原则,未得到很好地贯彻,网上教育资源匮乏已成为制约基于网络进行教育改革的瓶颈因素。

另一种倾向是,错误地将理想化的网络优势作为现实优势。近几年来,许多报刊对网络教育赞许有加,有一些作者在对网络知之不多的情况下对网络的评说笔下生辉,在他们的笔下似乎网络教育马上可替代一切教育形式,这误导了许多学校,使不少学校花了冤枉钱。

当然,逐渐完善的网络教育的确存在着优势,但是,现在让学生们借助于"初级阶段"的网络进行学习,难有好的效果,因为在我国,这种"初级阶段"的网络至少存在以下问题:

一是网速不太理想。尽管中国教育科研网(CERNET)建成的高速传输网已覆盖我国几十个主要城市,主干总容量达到40Gbps,155M的CERNET

中高速地区网已经连接到我国若干重点城市，有几百所学校的校园网以100Mbps以上的速度接入CERNET，但更多的校园网还未建立宽带连接，用低网速进行基于网络的多媒体学习，不时发生的网络堵塞现象削弱了学习者对学习的兴趣。网络的速度直接影响教育的质量，目前的网络根本不能称为“信息高速公路”。许多国家正在抓紧开发具有更快、更安全、更方便特点的下一代Internet。我国在下一代Internet基础设施建设及有关技术研究方面处于与国际同步的水平，下一代Internet在我国的发展将会很快。鉴于此，我国经费较少的学校应采取更加务实、谨慎的态度看待网络，对网络介入不求早，而求跨越式发展。我们要正确理解教育部决定在中小学实施“校校通”工程的具体含义。“校校通”是指逐步做到所有学校能上网，而不是所有学校都建校园网，“校校通”不等于“校校网”，即使在遥远的未来也不必每所学校都买服务器、建工作站，这就像一个地区只需要一个电信局，所有电话与之相连就行了。

二是费用太高。虽然上网的收费标准一再降低，但对于学生来说，无论是通过拨号上网或专线上网学习，还是在网吧上网学习，长时间地借助网络学习，对于绝大多数学生而言，费用还是难以承受的。

三是有用的信息太少，垃圾信息太多，查找有用的信息比较困难。谁都能在网上发表“大作”“高见”，难免使网上的信息鱼龙混杂。网上教育信息还存在中文的太少，鲜活的太少，科学准确的太少等不足。而搜索引擎的智能化太低、良莠不分，使人们要找到到位的信息非常困难。

四是网络的秩序太乱。网络上不健康的东西让学生防不胜防，病毒更是在网上恣意横行。“乱”还表现在制作网上课件随意性太大，相当比例的网页、网上课件在教育性、技术性、艺术性、规范性等方面存在着严重的问题。

要想有效地解决教育信息化发展中投入与产出不相适应的问题，必须采取以下措施。

首先，教育部必须牵头打造全国教育信息网络资源库。该教育信息资源库类似于电脑门户网站，可将各类信息分门别类地收集和整理。

建造一座国家级的教育网络资源库意义非常重大。因为其既有政治意义、社会作用，又有着极高的规模效益。打造国家级教育信息资源库，要有高起点，要精心规划、统一开发、系统整合，要力求使汇聚其中的教学资源适应素质教育需要，符合教育教学特点，能够让学生进行主动性和探索性学习，要采取切实有效的措施调动全社会的积极性，让更多的专家、学者在教育信息资源库建设中发挥大的作用，改变我国教育资源开发“散兵作战”“小作坊作业”、低水平、低层次、重复的现状。

因此，国家应该将计划投资于教育科研网建设上的钱，改投到建设教育资源库上来。1994 年我国公用电脑互联网尚未建成时，建教育科研网的做法是正确的，但在公用电脑互联网四通八达、带宽较宽裕的情况下，再在教育科研网上投巨资就失去了意义，教育网络建设的重点已到了由基础设施建设（网络建设）向教育资源建设方面战略转移（即由造“路”改为产“货”）的时候了。

其次，教育部应建立信息技术设备的购置与评估制度，将信息技术设备的购置纳入大地域的政府招标采购体系。

教学中常用的信息技术设备有电脑、投影机、视频展示台、数字照相机、扫描仪、打印机、光盘刻录机、数字摄像机等若干种，它们在教育中的应用量非常大，且价格很高，如何花较少的钱购较多的设备、办较多的事，将有限资金发挥出巨大效益，是必须认真考虑的问题。而将懂信息技术、精通教育、了解市场行情、熟知产品发展趋势的教师和专家组成评估论证组，对所需设备的品种、数量、型号进行论证、评估，可减少购置中出现的盲目性。教育主管部门每年将所辖学校所需要的信息技术设备汇总后交政府统一招标采购，可使所购设备质高价廉。

总之，教育信息化是一个全新的课题，我们要以创新观、发展观、效益观、实践观来思考问题，对它进行优化建设，使之健康发展，让它在教育现代化中发挥巨大的作用。

五、教育信息化是一个过程

20 世纪 90 年代以来，教育领域出现了以信息技术的广泛应用为特征的发展趋势，国内学者称之为教育信息化。近年来，这种趋势在我国发展之快、影响面之大，令许多教育工作者感到困惑和无所适从。什么是教育信息化？教育信息化会对教育产生什么影响？我国基础教育如何迎接教育信息化的挑战？所有这些，都是教育工作者应该认真思考和面对的问题。

（一）教育信息化的内涵

教育信息化的概念是在 20 世纪 90 年代被提出来的。1993 年 9 月，美国政府正式提出“国家信息基础设施”（National Information Infrastructure），俗称“信息高速公路”的建设计划，其核心是发展以 Internet 为核心的综合化服务体系和推进信息技术（Information Technology，简称 IT）在社会各领域的广泛应用，特别是把 IT 在教育中的应用作为实施面向 21 世纪教育改革的重要途径。

在教育信息化的进程中，由于需要广泛地应用各种机器、设备，人们往往容易以技术论、机器论的思想来认识信息化，认为教育信息化是以电脑代替教师讲课,以电脑来呈现教学内容,以电脑来存储教学信息,并以省力性、替代性、便利性、效率性的尺度来评价教育信息化。

华东师范大学教育信息网络中心主任祝智庭教授指出,教育信息化是一个过程,其结果是达到一种新的教育形态——信息化教育。教育信息化的主要特点,是在教学过程中广泛应用以电脑多媒体和网络通信为基础的现代化信息技术,其表现为教材多媒体化、资源全球化、教学个性化、学习自主化、活动合作化、管理自动化、环境虚拟化。

华中师范大学信息技术系傅德荣教授则指出,教育信息化可以达到省力化、机器化的效果,但它不是教育信息化的目的。如果我们仍以传统的教育思想来应用信息技术,其结果无异于传统的教学。一些教师通过应用多媒体技术,加大每一节课的信息容量,以解决教学内容多与学时不足的矛盾,其结果是教学中除了教师"灌"以外,又多了"机器灌""电灌"。

教育信息化的最终目标是培养创新型人才,是实现教育的现代化。教育信息化的过程不仅仅是一种信息机器引入教育的过程,更是一种教育思想、教育观念变革的过程,是一种基于创新教育的思想有效地使用信息技术,实现创新人才培养的过程。

(二)教育信息化对教育改革的影响

专家指出,教育信息化为我们描绘了未来教育的美好前景,但我们必须清醒地认识到,信息技术的应用不会自然而然地创造教育奇迹,它可能被用于促进教育改革,也可能被用于强化传统教育,因为任何技术的社会作用都取决于它的使用者。

祝智庭教授还说,教育技术变了,教学方法也得进行相应的变革,而教学方法的选择,是由教师的教育观念所支配的。如果说信息技术是威力巨大的"魔杖",那么教师就是操纵这个魔杖的"魔术师"。因此,对于我国广大教师来说,面对正在来临的教育信息化浪潮,认清教育改革的大方向,懂得如何利用信息技术来支持教育改革和促进教育发展,是十分必要的。

他还指出,信息技术对教育改革的影响,可以从两个方面进行分析。一方面,由于信息技术在社会各个领域的广泛应用,带来了信息的多源性、易得性和可选性,学生可以轻易地获得大量信息,这就使得教育者的权威受到削弱。由此,迫使教育者采取趋向于比较民主的教育模式,同时教育者也要利用信息来强化自己。这是一种在信息技术刺激下顺应教育变革的姿态。另一方面,出于对教育现状的不满而千方百计地寻求教育改革之路,其中有一种思路就是相信现代信息技术可以成为当代教育改革的强大支持力量。这是一种利用信息技术来谋求教育变革的姿态。

现代教学改革的核心问题是把学生的被动型学习转变为主动型学习,

而信息技术在教育中的应用,可以为学生创设自由探索的学习环境,教师则可以综合运用多种教学模式进行创新教育。

(三)教育信息化对教育改革的要求

第一,要全面认识信息技术在教育教学中的作用。祝智庭教授说,当早期人们用电脑辅助教学时,第一个直接的想法是让电脑扮演导师的角色,从程序式教学发展为后来的智能导师系统。后来,麻省理工学院的一位教授提出应该让电脑扮演学员的角色,而让学生充当教师来教电脑做事,并为此设计了一种适合于儿童使用的程序语言 LOGO,使儿童可以从使用这种语言上指挥电脑制图、绘画,逐步进入程序设计的抽象殿堂。此外,电脑也可以充当平辈的学伴,现在已经出现了虚拟学伴系统,可以与学习者进行互帮互学;电脑还可充当教师和学生的助手,如帮助查找、整理资料,代理通信联络等。这是信息技术的拟人作用。

同时,信息技术在教育教学中的拟物作用也越来越受到重视。我们可以用电脑和网络构造便于学生进行探究性学习的情境,如微型世界、虚拟实验室、虚拟教室等。更自然的做法是让教师和学生使用信息工具,包括效能工具、认知工具、通信工具,支持其教与学的活动。随着以学生为主体的教育思想日益深入人心,信息技术的拟物作用和从属拟人作用将显得越来越重要。

第二,学会利用信息化进行教学设计。人们对当前我国信息技术教育应用的实际情况的认识存在许多片面性,一讲到电脑辅助教育似乎就是开发课件。其实,课件只是信息化教育系统的一个构件。一个完整的信息化教育系统除了课件外,还需要一个强大的学习管理系统,并需要利用多种信息工具和大量的信息资源作为教学支撑。随着信息化教育的不断发展,我们的教学设计水平也应该从 CAI 设计进化到信息化教学设计。信息化教学是以教学过程的设计和学习资源的利用为特征的,其主要教学模式不同于课件的讲授/辅导、模拟演示,而是研究/探究型学习、资源型学习、合作型学习。

第三,始终以学生的发展为根本目的。发展教育信息化的目的是要促进以素质教育为核心的教育教学改革,所以必须始终坚持以学生发展为本的思想。祝智庭教授建议如下:

信息教育+信息化教育 进行信息技术教育不要过分关注学科的知识性学习,而应该关注怎样应用信息技术工具来解决问题,特别是要把信息技术的学习与学科教学结合,让学生把技术作为获取和加工信息、为解决问题而服务的工具。从一般意义上来说,我们通过信息技术教育来培养学生的信息能力,通过信息能力带动思维能力、解决问题能力、选择决策能力和交流协作能力的全面发展。

人脑+电脑 人脑与电脑之间应该协调作用,实现功能的互补。电脑具有信息处理速度快和记忆容量大的特点,可以极大地减轻人们在信息记忆和简单性加工方面的负担,因此可以把脑力集中于研究复杂问题的解决方法上。在教育上,应该特别注意改进教学方法,即从单纯教知识转变为注重教方法,从学习解决结构化问题到解决半结构化问题。

左脑+右脑 当前的教育方法是以抽象性知识的灌输为主,这种教育方法有利于那些善于形象思维的左脑型学生,而利用电脑多媒体技术,可以使抽象的知识形象化,使那些右脑型学生更容易获益。对学生总体来说,则是使他们左、右脑得以平衡。

创新+爱心 即便是能够利用信息技术进行自动化教学,教师的作用也丝毫不能减弱,他们可以用更多的精力来研究如何利用信息技术支持创新教育和情感教育等方面。教师对学生的爱心是成功教育的重要因素。目前,教育信息化还难以帮助教师减轻工作负担,但可以鼓励资源共享,让教师懂得如何利用现有的资源,而不是搞大量的低水平重复性开发。

六、中国教育信息化指日可待

在知识经济成为主导的今天,世界各国都给予教育前所未有的关注与支持,并不断将信息技术积极、有效地应用于现代教育当中,这成为培养信息人才的重要举措。目前,国内权威机构 CCID(中国电脑与微电子发展研究中心)与教育系统集成商——翰林汇软件产业股份有限公司在京联合公布了其通过电话调查和面访等调查方式对 250 所中小学校、208 个有效样本取得的《中国信息化教育报告》。

教育信息化指的是在教育教学过程中比较全面地运用以电脑多媒体和网络通信为基础的现代化信息技术,促进教育的全面改革,使之适应信息化社会对教育发展的新要求。

(一)五到十年基本普及信息技术教育

为了推进教育信息化迅速发展,国务院基础教育司在 1998 年和 1999 年分别下达了《关于建立首批"全国中小学电脑教育实验区"的通知》和《初、中等学校校园网建设规范(征求意见稿)》两个通知,要求在全国各地逐步建立校园网,发展远程教育。

同时,教育部还提出了中小学普及信息技术教育的两个主要目标:一是开设信息技术必修课程,加快信息技术教育与其他课程的整合。2005 年以前,所有的初级中学以及城市和经济比较发达地区的小学开设信息技术必修课,争取尽早在全国90%以上的中小学校开设信息技术必修课程。二是全面实施中小学“校校通”工程,用5~10年时间,加强信息基础设施和信息资源建设,使全国90%左右的独立建制的中小学校能够与网络联通,使每一名中小学师生都能使用网上教育资源。

(二)信息化教育市场规模迅速扩大

《中国信息化教育发展报告》结果显示,2000年中小学信息化教育市场的总体规模为10.1亿元。该报告中将信息化教育市场结构细分为中小学生家庭教育软件和校园网。其中2000年中小学生家庭教育软件市场规模为1.2亿元,校园网市场规模为8.9亿元。CCID统计,2001年中小学信息化教育市场规模为15.3亿元。

CCID调查数据结果显示,2000年中小学校园网的总体市场规模为8.9亿元,其中软件投资占总投资的9.1%。2001年全国有2000余所中小学校建设校园网,校园网的总体市场规模达到14亿元,比2000年增长57.3%。其中,随着各地教育部门和学校对校园网应用系统的重视程度不断提高,软件应用将成为校园网建设的重点。

(三)制约信息化教育发展的因素

虽然信息化教育发展的速度很快,但是由于资金、人员及对信息的认识、技术、历史发展等原因,使得我国的教育信息化建设现状存在许多亟待解决的问题。一是用于教育教学的软件的科学性、权威性和实用性还较差。二是在部分人眼中,还存在“重硬轻软”的现象。三是有限的教育经费无法承担昂贵的设备投入。四是应用系统的技术要求远高于教师技术水平的现状。五是在应用开发上对教师的要求超出了教师现有的教学能力、知识水平。

(四)信息化教育的欠缺

学者翰林汇曾经运用抽样调查的方法对全国200家中小学校进行过问卷调查,结果表明:校园网解决方案和相关产品的需求将快速上升,学校需要投资少、应用难度小、能够满足需求的产品及方案,家庭教育软件需求将继续上升。2000年年底教育部开始实施的“校校通”直接推动了校园网解决方案和相关产品需求的快速上升。

调查结果还显示,在品牌、功能、服务和价格4个影响购买的因素选择中,价格因素以39.4%的比例居首位;其次是功能,被选择比例为31.6%。因此,价格和功能是影响中小学校教育信息化产品购买的主要因素。此调查还显示,家庭教育软件需求继续上升。当前影响校园网发挥作用的主要原因是教学资源库内容匮乏。在被调查用户中,62%的中小学教师表示在运用信息技术过程中遇到的最大问题是教学资源不丰富,64%的中小学教师则认为在校园网软件应用方面需要完善教学资源库。

除了用于教学的资源库以外,学科辅助教学、课件开发平台和教学管理软件也是信息化教育产品需求的重点。在被调查者中,52%的中小学于2001年计划采购学科辅助教学软件,38%的中小学计划采购课件开发平台,32%的中小学计划采购教学管理软件。教学辅助开发工具和课件开发平台是为实现信息化教学而开发的产品。由此可见,校园网建设的核心应该是围绕整个教学过程,为教师和学生提供教学服务。

第四节 世界各国的教育信息化发展进程

教育信息化是指在教育教学过程中比较广泛地运用以电脑多媒体和网络通信为基础的现代化信息技术,促进教育的全面改革,使之适应于正在到来的信息化社会对于教育发展的新要求。本节着重介绍世界各国在推进基础教育信息化方面的发展近况。

教育信息化对学校发展来说是一个千载难逢的好机遇。人类历史上虽然曾有过无数革命性的技术,但能够直接为教育服务的却是凤毛麟角。而现代化电子信息技术则是自印刷术发明以来对教育最具革命性影响的技术。

教育信息化是走向教育现代化的必经之路。其原因有以下几点:其一,教育信息化有助于加快知识更新速度。书本化教材的知识落后于社会发展少则5年,多则10年或更长。而电脑网络上的电子化课程知识更新可在一周之内完成。其二,教育信息化有助于培养学生的高级思维能力。利用网络和多媒体技术,可以构建信息丰富的、反思性的学习环境和工具,允许学生进行自由探索,极大地有利于他们的批判性、创造性思维的形成和发展。值得注意的是,目前国内许多学校应用多媒体CAI时,普遍的做法是为教学重点和难点提供演示,把信息技术的使用权控制在教师手中,这实际上并未摆脱以教师为中心的教学观念的束缚。可以说,电脑的最大教育价值在于让学生获得学习自由,为他们提供可以自由探索、尝试和创造的条件。其三,教育信息化能够突破教育环境的时空限制,有助于加强课堂与现实世界的联系。利用电脑多媒体可以模拟大量的现实世界情境,把外部世界引入课堂,使学生获得与现实世界较为接近的体验。更进一步,利用电脑网络使学校与校外社会连为一体。例如,美国宇航局通过联网向中学生开放,允许学生与宇航员对话和了解关于太空的信息;伯克利的劳伦斯国家实验室研制了一个网上虚拟实验室软件,它允许学生通过远程联网获取从专业天文望远镜收集的天文观测数据。

在教育信息化方面,国际上有许多经验和教训值得我们借鉴。美国在教育信息化方面一直走在世界前列。美国前总统克林顿就十分重视发展信息技术的教育应用。他说:“为了将信息时代的威力带进我们的全部学校,要求到2000年使每间教室和图书馆联通国际互联网(Internet);确保每一名儿童能够用上多媒体电脑;给所有教师以培训,要求他们能够像使用黑板那样自如地使用电脑;并且增加高质量教育内容的享用。”1996年1月,他又把发展以电脑为中心的现代教育技术作为迎接信息社会对于教育挑战的重要措施之一。美国政府组织了几项规模较大的中小学教育信息化工程,例如由教育部发起的“明星学校”计划(1988—1997年)使6000多所学校联通信息高速公路,并开发了30多门完整的信息化课程;由美国科学基金会资助的“全国学校网络试点项目”(NSNT)涉及153所学校和95个其他组织,联合进行多方面的教育改革试验。根据相关资料,到1996年,美国中学已达到平均9人使用1台计算机,而期望的标准是5人1机;在全部中小学中约有65%的学校实现了联网,但联通了Internet的教室只占14%,说明要完全实现2000年目标仍然任重道远。为此,美国政府采取了一系列积极措施。其间还组织了一个教育技术专家组,于1977年3月提出一个专门报告,就如何应用现代教育技术,特别是电脑与Internet联网,为改革美国中小学教育提供建议。主要建议可以概括如下:

1.以电脑辅助学习为中心,而不是以学习电脑为中心,将信息技术贯穿于K-12课程,以提高各学科教育质量为目的。

2.强调教学内容与教学方法的改革,倡导运用以学生为中心的教学方法,重视学生高级推理与问题解决能力的培养。

3.重视师资队伍的培养,使教师们知道怎样在教育教学中有效地使用技术,建议将教育技术投资中的30%用于师资培训。

4.保障教育信息化的实际投资,至少将全国每年教育开支中的5%(约130亿美元)用于教育技术。

5.保证全体学生平等使用信息化技术,全美国学生不分地区、种族、年龄和社会经济状况,人人得以享有使用信息技术的权利。

6.积极开展教育信息化的实验研究,建议将中小学教育经费的0.5%(约15亿美元)用于进行旨在提高K-12教育效率与费用效益的研究上。

而后,美国联邦通信委员会又批准了一项使学校和图书馆的联网与通信享受优惠服务的计划,降价幅度为20%~90%;克林顿要求国会在五年内提供20亿美元的特别拨款。同时还极力敦促政府各部门发挥教育资源提供者的作用:教育部支持美国教育资源信息中心(ERIC)建立了一个容纳900

个教案的图书馆,并利用全国性的专家网和数据库来解答教育者提出的问题;甚至许多国家级的实验室也通过联网向中学生开放。尽管如此,政府部门在教育信息技术方面的投入仍然是十分有限的。大量的投资来自于工业界和非盈利机构,例如:太平洋 Telesis 公司于 1994 年发起一项名为“一流教育”的计划,目标是到 2000 年使加利福尼亚州的 9000 所学校和图书馆全部联网,以半价收费提供上网服务;IBM 向十个学区的中小学免费提供硬软件和教师培训;AT&T 公司投入 1.5 亿美元建立了一个学习网,为 100 所学校提供 5 个月的免费上网服务及后续的折价上网服务。

加拿大的学校网络工程(School Net)从 1993 开始,原计划联通 300 所学校,由于进展格外顺利,继而决定在近年内使加拿大 17000 所学校全部联网。

欧洲各国间的教育信息化进度各不相同。根据 1996 年资料,欧盟国家中学拥有微机量达到平均 12 人 1 机,程度最高的是苏格兰,中学达到 6 人 1 机。与北美洲相比,欧洲中小学联网程度不算高,在欧盟国家全部 320000 所学校中仅有 5%的学校联通 Internet。欧共体曾于 20 世纪 80 年代后期和 90 年代初分两期推出一个名叫 DEITA 的大型研究课题,旨在解决多国异种通信系统的联网标准问题,并在标准通讯平台上开发可供共享的跨文化教育与培训软件。后来的欧盟发布了一个题为“信息社会中的学习:欧洲教育创议行动规划(1996—1998)”,旨在加速学校的信息化进程,同时推出多项有关教育信息化和教育改革的开发计划,如电脑通信应用计划(1994—1998)、关于多媒体教材开发的 MEDIA Ⅱ 与 INFO2000 计划(1996—1999)、关于高校教育改革的“苏格拉底”计划与关于职业技能培训“达芬奇”计划(1995—1999)。此外,欧盟各国先后制订了各自的学校信息化发展计划。德国教育科技部与电信部发起了一项关于在三年内使 10000 所学校联网的动议。丹麦政府在 1994 年制订的 INFO2000 IT&T 行动计划中提出,到 2000 年时将实现全部中小学联网。芬兰教育部于 1995 年提出一个名为“信息社会中的教育、培训与研究:国家战略”的五年计划,规定到 2000 年时将使全部学校和教育机构联网。意大利教育部于 1995 年提出一个行动计划,打算于 2005 年前为 20%的小学和 30%的中学配备多媒体设备与软件。法国政府于 1995 年确定了一批有关教育信息化的课题,建立了一批网上信息资源,将 13 个学区的学校先行联网。英国政府于 1995 年推出一个题为“教育高速公路:前进之路”的动议,将 400 家教育机构首批联网,并为 23 个试验课题拨款 1200 万欧元。瑞典 1994 年建成了全国学校网,接着向议会提出了关于将新技术使用作为教师培训义务的议案。

亚洲的一些经济比较发达的国家和地区,在教育信息化方面已经显示出赶超美欧的强劲势头。日本文部科学省于 1990 年提出一项九年行动计划,拟为全部学校配备多媒体硬件和软件,训练教师在教学中使用多媒体,支持先进技术的教育应用;1994 年日本又建立了百校联网工程。新加坡在教育信息化方面可以说是一步登天,于 1996 年推出全国教育信息计划,拟投资 20 亿美元使每间教室联通 Internet,做到每 2 位学生 1 台计算机,每位教师 1 台笔记本电脑。中国香港特别行政区拨款 26 亿港币为中小学配备电脑教室。香港大学要求新生每人拥有 1 台笔记本电脑,学生个人仅出资三分之一。

我国的教育信息化工程也已经开始启动。国家教委早在 1996 年就拟订了一个关于 1000 所学校教育手段现代化试点项目的五年计划,已有近半数学校建成了校园网,每所学校平均装备计算机百余台,大多包括多媒体教室、电脑教学机房、电子阅览室等建设项目。在经济发达地区,还有许多学校从多种不同渠道获得资助,自发地提前进入教育信息化行列。然而,这些项目普遍存在的问题是在投资方面重硬件建设、轻软件开发和教师培训。按照欧盟国家的经验,教育信息化项目一次性投资在硬件、软件、培训方面大约各占三分之一,长期的应用开发和维持则投入更多。这种做法值得我们参考。

第二章　现代教学手段

第一节　教学手段

一、教学手段的重要性

教学是教师根据已经制定的教学目标,用知识武装学生,促使学生全面发展的师生双边活动。教学中教师要向学生传授知识,促使学生全面发展,使其成为社会所需要的合格人才。但是知识是精神的范畴,它必须有可感知的物质形态,才能实际存在,并为人们加以运用。正如恩格斯所指出的:"'精神'从一开始就很倒霉,注定要受到物质的纠缠……"在教学活动中,没有一定的物质形式,就不可能传递知识。要传递知识,就要通过一定的媒体,即通过一定的物质载体,将知识传播给学生,作用于学生,使学生实际受到这种影响,从而促进学生的成长。在教学中,教师用以运载知识,使知识通过一定的物质形式作用于学生的一切物质媒体或物质条件,都是教学手段。

教师只有在学生的积极配合下,运用一定的教学手段作用于学生,才能实际发挥教学效能,促进学生的发展。

"教学手段"这个词,人们常常把它与教学方法、教学技术、教学媒体等词混淆,迄今说不清楚,而且存在争议。

教学手段不能等同于教学技术。技术有物理学上的概念,如设备、电影、电视等,还有行为学上的概念,如设计、评价、策略、决策等。教学手段兼有物理学上和行为学上两种含义。我们把它理解为:教师和学生进行教和学以及相互传递影响的媒体。固然,西方又有人认为媒体(或叫媒介)与手段不同。手段只是解决信息交流的工具问题,而媒体则是指传递信息的性质和作用:是印刷文字、图解或讲述,还是电视、画片等图像?例如,在电视屏幕上映出文字,或者映出人物故事,这是不同的媒体。前者和教科书上的印刷文字无本质区别,后者属于图像信息。虽然同样由电视机映出,但其传播的信息的性质和作用都是不同的。但是,我们根据通常的理解,也不作这些区分。简要地说,我们赋予教学手段的含义,就是师生教学互相传递信息的工具、媒体或设备。

教学手段对教学有着重要的作用,这是毋庸置疑的。没有一定的教学手段,教学就无法进行,就不能存在。这种一般道理是完全容易理解的。问题在于,对于不同时期、不同场合、不同类型的教学手段,如何发掘、发挥它们各自的功能,如何正确评价它们对教学理论和教学实践的影响,这些是重要的,也是不容易的,我们教学论要做的工作正在于此。过去,我们教学论的缺点之一,就是简单重复并停留在一般议论上。

二、教学手段的演变

在西方社会,人们把夸美纽斯编写的《世界图解》看作视听教学手段的开端。《世界图解》是夸美纽斯为贯彻他的直观原则而编写的,载有150幅插图,出版于1658年。其实,我国最迟在宋朝,据说就有王惟一于1026年撰《铜人腧穴针灸图经》,并铸成铜人模型,刻示经络腧穴位置,又绘制十二经图,刊行后刻石流传。"图文并茂"的蒙养教材也很早就有了。至于重视教学手段的思想,早在战国时期荀子就发表了"善假于物"的见解。他说:"吾尝跂而望矣,不如登高之博见也。登高而招,臂非加长也,而见者远;顺风而呼,声非加疾也,而闻者彰。假舆马者,非利足也,而致千里;假舟楫者,非能水也,而绝江河。君子生非异也,善假于物也。"当然,荀子这里讲的"善假于物",其含义广泛,不只是我们所讲的教学手段,还包括整个学习,乃至认识和利用事物规律。但是,它无疑包含了这样的思想:善于利用工具、手段,是促进学习、争取获得良好的认识效果所必要的,也是大有讲究的。马克思关于劳动者使用机器生产,也说过类似的话。他说:"劳动者利用物的机械的、物理的和化学的属性,以便把这些物当作发挥力量的手段,依照自己的目的作用于其他的物……这样,自然物本身就成为他的活的器官。"这就是说,机器这个工具、手段,增强了人的力量。"工欲善其事,必先利其器"也是这个道理。

我们也不否认,最早重视并从事教学手段研究的要首推夸美纽斯。他既有理论,又有实践。理论就是他建立于感觉论基础上的直观原则,实践就是他的《世界图解》和直观教具的设计。裴斯塔罗齐也设计了算术箱。这方面还有一位突出的人物——福禄贝尔,他设计了发展幼儿感官、智力的教具,称为六种"恩物"。

当电影产生后,刚刚传到中国时,鲁迅先生就说过:"用活动电影来教学生,一定比教员的讲义好,将来恐怕要变成这样的。"

现在,由于现代化手段的产生和发展,更是产生一门新兴科学——教育技术学或教育工艺学。它出现于20世纪60年代,风行于欧美和日本。它是一种边缘科学，是在几种科学交叉点上产生的，是应用教育学、心理学以及自然科学和技术的知识，研究实现教育目标的最优手段和方法，是包括理论和实践的一门科学。它的任务是研究现代化技术发生和发展的规律，为有效地制造和应用现代化手段提供理论根据，并且，还研究由于现代化教学手段的应用怎样引起了和将引起教育组织、计划的变化等广泛的问题。日本图书公司1971年出版了一套八卷本的《教育技术学》丛书。

三、教学手段的种类和方法

(一)历史变革说

据说，英国著名历史学家埃里克·阿希比，通过研究已经确定教育史上曾发生过三次重大的教育技术革命，现在是第四次革命。第一次革命是将教育青年人的责任从家族中转移到专业教师手中。第二次革命是采用书写方式，作为与口语同样重要的教育工具。第三次是发明印刷术和普遍使用教科书。第四次正发生于西方国家，尤其是美国，这就是近些年来由电子学、通信技术以及信息资料处理技术飞跃发展所带来的结果，也即通称的电化教育手段。

(二)二分法

在实际的教学中，使用的教学手段很多，归纳起来大体可以分为两大类，即运用语言作为媒体的教学手段和运用教学工具作为媒体的教学手段。而运用语言做为媒体的教学手段，也有两种不同的表现形式：一种是运用口头语言；另一种是运用文字语言。运用教学工具也可以分为两种形式：一种是运用普通教具；另一种是运用现代化教具，即所谓的现代化教学手段。教学手段所包括的内容如下表示。

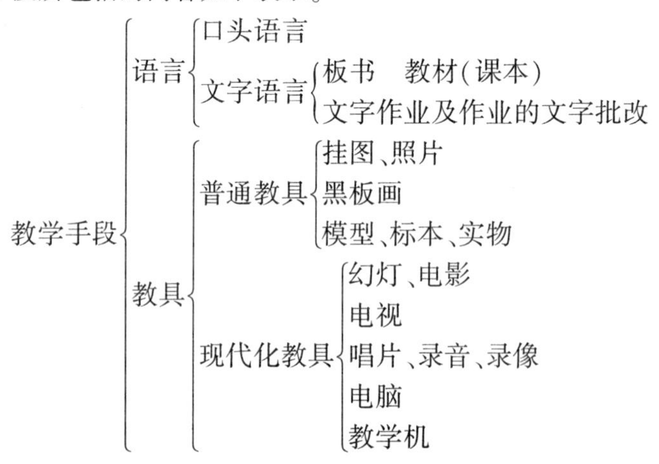

当代我国的实际教育教学活动中，最经常、最大量被使用的教学手段是教师的语言和板书，其次是普通教具。目前我国由于经济条件的限制，在中小学，使用现代化教具的还不多，但从发展趋势来看，它是不容忽视的、很有发展前途的一种教学手段。

（三）三分法

1.与人体自然器官本身有关的。其主要体现在《教学过程》一章中所讲到的教学的原始模式中：口耳相传，示范，模仿，练习。马克思曾经讲到，人类原始时代以采集自然果实为生，在这种场合，劳动者身上的器官，是唯一的劳动资料即工具。在最原始的教学中，教学手段的情况和性质，也是如此。

2.人体外部器官的延伸。正如前边所引用的马克思的话一样，劳动工具以至于机器，不过是人体器官的延长。在教育史上，文字的出现，书本的出现，各种直观教具的出现，一部分现代化教学手段如幻灯、电影、录音等的出现，这一切不过是手、眼、耳等人体器官的延长，从而使人们更广、更深地认识宏观、微观、动、静、快、慢等客观世界中的各种事物和对象。例如，通过简单的直观教具大脑模型，可以看到自然状态下肉眼看不到的大脑形状和内部结构。通过现代的录音、录像、电影、电视，可以听到、看到自然状态下听不到、看不到的声音和图像。几千里几万里以外的、消逝了的、顷刻之间的、速度过快的、过程太长的、领域过广的、隐藏太深的……声音和图像，都能听到、看到。

3.人脑的延伸。电子计算机的出现，部分地代替了人脑的工作，具有人脑的部分“智能”：不仅能记忆、检索，而且能感知、分析、综合、判断，同时，对于其他各种现代化手段如电视、电影、录音、录像等工具，还能起到指挥和控制作用，能够使学生主动参与活动，进行人—机对话。

（四）一般的划分法

1.原始的传授方法：口耳相传—示范—模仿—练习。它主要为“口语”，也包括教学双方的形体、动作、表情、个性等，总之，局限于人本身的甚至不能离开个体的东西。

2.文字与书籍。其主要标志是“文字”，还包括手写、手抄，如竹简、木简和刻刀。这是教学手段发展史上一次重大的飞跃，也是整个教学、教育发展史上一次重大的飞跃。这引起了教学模式的变革，传授和学习书本知识的教学模式得以产生，使教学突破了局限于直接经验的模式。

3.印刷术的发明以及纸的出现。这是使教学规模扩大、教学效率提高的技术和物质前提之一，其进步性和优越性是不言而喻的。夸美纽斯在论证班级授课制、集体教学制时，曾经提到这一点并受到启发。他说："一个印刷匠用一套活字可以印出成千上万的书籍，所以，一个教师一次也应该能教许多学生，毫无不便之处。"

4.特别的教具。这是指专门为教育教学而设计的东西，它们不是一般的自然物。比如，裴斯塔罗齐的"算术箱"，福禄贝尔的"恩物"，就是历史上比较典型的例子，夸美纽斯的《世界图解》更是如此。在日常的大量的教学实践中我们看到的：粉笔、黑板、算盘、图片、模型、标本以至教杆等，都可归属于这一类和这一阶段。

5.普通的电化教具。这里指的是借助于电力（突破了机械学局限）制作的教具，但不包括电脑的教具。例如，幻灯（投影），唱片或录音带、电影、电视、录像、教学机器、语言实验室等。

6.以电脑作为教学手段。这种手段不仅不同于电化教学手段以前的那些普通教具，而且也不同于一般的电化教学手段。正如前边已经讨论过了的，一般电化教具虽然比起局限于机械学的教具远为优越，有质的进步，但终归是具体器官的延长，不能像电脑一样把人脑延长了。应该说，这又是一次新的质的飞跃。

有人把现代化教学手段的发展列出了一个时间表。在此，我们可以参考一下：

幻灯 无声电影 唱片	19 世纪后半叶 20 世纪初
有线电收音机	20 世纪 20 年代
有声电影	20 世纪 30 年代
电视 磁带录音机 语言专用教室 程序教学的教学机器	20 世纪 50 年代
闭路电视	20 世纪 60 年代
电脑	20 世纪 70 年代

我国对现代化教学手段的研究、制作和运用起步比较晚。20 世纪 30 年代才开始搞电化教育，将广播和电影运用于教育领域，而且还只限于社会教育方面，未进入学校教学。名副其实地作为教学手段来运用，还是新中国成立以后的事情。

（五）现代化教学手段的种类

究竟应该怎样对现代化手段进行分类呢？迄今没有令人满意的答案。

一般见到的是从以下三个不尽相同的角度来划分的。

1.根据所提供信息的性质不同,其可以划分为三类:(1)光学和视觉类,如幻灯、电视、电影、摄像、映象、录像等。(2)音响和听觉类,如收音、录音、播音,包括配合视觉图像的电视、电影等。(3)实验和操作类,如语言实验室,其他各种专业专用教室等。这是应用最广泛、最常见的一种分类。例如,一般都把现代化手段及其教学称为"视听教学"。

2.根据教学手段设备的大小与轻重,其可以划分为两类:(1)小型轻设备,如幻灯机、录音机、收音机、扩音器、投影仪等。(2)大型重设备,如电影放映室、语言实验室、自动化教室等。我国把"幻灯"誉为"常规武器"。显然,所谓大小、轻重是变化的。例如,电脑原来体积庞大,重以吨计,现在的所谓微型电脑,已很普遍了。

3.根据信息技术的不同意义,其可以划分为两类:(1)硬件,一般指装备或设备的机件本身,如收录音机、电视机、电影机、电脑等。(2)软件,指教学内容和程序等。

四、现代化教学手段在教育领域中的作用

(一)扩大了受教育者的范围

按照传统的授课方式,一名教师顶多只能同时教几十名学生,而且学生只能在同一个班级里接受教育。利用现代化教学手段,教学可以突破班级教室的局限:通过广播、电视、卫星、闭路电视等方式,可以突破班级的空间局限;由于可以重播、重放,在一定程度上可以突破时间的局限;学生可以在自己方便的时间、地点进行学习,这种方式对在职进修的成人教育特别有利。通过电视、卫星播放的教学方式,远隔千里的学员都可受益,更可加速教育的普及,同时可提高讲授质量。

(二)减小了教学的难度

在实际的教学中,有些内容涉及的范围比较广,距离现实生活比较遥远,教学难度大,不易被学生接受。使用现代化的声光教学工具,可以使学生不受时间、空间的限制,及时得到事物的信息。学生对有些现象很难感知或无法感知时,可以借助于现代化教学设备,使传输的信息或形象呈现远化近、近化远,高速转化为迟缓,缓慢转为快速,小化大、大化小,本质化的现象。如天体运动,海底世界景象,细胞分裂,炮弹的发射,动植物的生长,生物的进化,物质的微观结构,核裂变,X 射线辐射,火山爆发,细菌活动,战争场面,等等。这比教师用语言讲解更容易使学生理解。

(三)便于学生及时巩固所学的知识

在教学中使用现代化教学手段,教学形象会更生动,学生感知更鲜明、印象更深刻,可使抽象的理论具体化、形象化,便于学生理解和记忆。国外研究表明,人们通过语言形式从听觉获得的知识能记忆15%,从视觉获得的知识能记忆25%;利用声光同步设备把听觉和视觉结合起来,能够记忆的内容可达65%。可见,以声光结合的教学手段进行教学,对于知识的获取和巩固有着十分重要的作用。

(四)提高教学效率,扩大新知识的数量

美国有人统计过,运用现代信息化教学手段进行教学,学员可以多学到三倍的材料。据苏联教育家的统计,利用机器进行教学可以使教学时间节约20%。国外有关的实验表明,利用教学机器的程序教学法进行教学,其所学得的材料分量,可比传统教学方式增加一倍,而且还可使考试中的错误减少2/3到3/4。

五、现代化教学手段之间的关系

(一)轻重设备之间的关系

我们所说的轻设备包括幻灯、投影仪、录音机、录像放映机等投资较少的设备,重设备是指语言实验室、闭路电视、电脑、卫星电视网等投资较大的设备。两者机器性能不同,投资不同,但在教学实践中,花钱多的重设备在教师的教学活动中不一定都是使用率最高的。据苏联有关专家研究,在实际教学中,幻灯这样比较简单的轻设备比电影需求量大,使用数量一般高出电影三倍,它有着成本低、效率高的特点。

(二)软硬件之间的关系

现代化教具不仅有软件,还有硬件。硬件即机器设备,如幻灯机、录音机、电影机、录像机等;软件是配合硬件所使用的教学资料,如幻灯机的教学幻灯片、录音机的有教学内容的录音带、电影机的教学电影胶片、录像机的有教学内容的录像带等。硬件与软件是相辅相成、缺一不可的,但开始引进现代化教学手段时,极易重硬件、轻软件,结果造成两者脱节。有了现代的机器设备,由于缺少应有的教学资料——软件,仍不能发挥实际教学作用。

(三)人与机器之间的关系

这里所说的人机关系是指教师与现代化教学设备之间的关系。使用现

代化教学工具能提高教学效率,但是,那种认为"机器能代替人"的观点是错误的。机器由人来操纵,软件教学资料要由人来编制,如何使教学活动适应学生的个别差异,提高教学效益,要由教师来研究。教师所处的地位和所起的作用比机器更重要。

(四)教与学之间的关系

运用现代化教学手段进行的教学,也与普通上课一样,在整个教学活动中,教师处于主导地位,教师起主导作用。任何形式的电教课都要使教师与学生保持一定的直接接触,尽管有些电教课教师与学生面对面的接触少了,但内心的"接触"不可少。上电教课时,眼前没有学生,但教师心里一定要有学生,要从学生实际出发,考虑教学内容的安排、教学方法的选择,使教学符合学生实际。

(五)文字教材与形声教材之间的关系

文字教材与形声教材各自有着不同的功能,它们之间是相互补充的,不能相互代替,更不能相互排斥。在教学过程中,根据实际情况使两者结合起来、相辅相成,才能产生最佳教学效果。

第二节　传统电化教育

一、如何运用电教

(一)电化教学的原则

1.明确教学目的,讲究实效

心理学家研究证明,一般情况下,有明确目的的行为,其成效大;没有明确目的的行为,其成效小。这对电化教学同样适用。

教师在教学中贯彻这个原则时,要注意以下两点:(1)制定的教学目的要具体、适中。具体,即不能太笼统;适中,即不能过高或过低,要切合学生实际。(2)根据教学目的制订严密的课堂教学计划,使课堂教学的一切方面、一切活动都服从于教学目的。同时,特别要考虑如何充分发挥电教媒体的作用,克服形式主义。

2.媒体选择与组合要达到最优化

媒体的选择与组合包括电教媒体和其他教学媒体。最优化是对媒体选择与组合提出的要求。最优化是具体的。某种媒体组合对某教师、某班组的教学来说是最好的,但对另一教师、另一班组的教学则不一定。因此,最优化要求指的是在具体条件下的最优化。

教师在教学中贯彻这个原则,要注意以下两点:(1)选择媒体要全面考虑,综合运用多种媒体(传统手段、现代手段)比只有一种媒体效果好。要考虑教学的需要,各种媒体的特点和功能,同时还要考虑现实条件,即现有设备和经济条件。(2)媒体的组合要合理。要把各种媒体的使用有机地结合起来,合理地应用于教学过程,力求使各种媒体的长处在教学中充分发挥出来。

3.视听、思考、词语三者相结合

电化教学的过程中,学生接收信息离不开视觉和听觉,他们对接收到的信息,不但要感知,更要理解。但人们的思维活动离不开词语。只有坚持视听、思考、词语相结合,才能使学生的形象思维转化为抽象思维,由感性认识上升到理性认识。

在教学中贯彻这个原则,要注意以下三点:(1)要精心指导学生视听。(2)要充分利用电教媒体提供的感性材料和学生的形象思维在教学内容的重点、难点和关键处进行启发诱导,提示方法,开拓思路。(3)要注意发挥词语的作用,特别是让学生用自己的语言参与认识活动过程,这对提高学习效果大有好处。

4.反馈

同其他教学一样,电化教学也必须有反馈才是一个完整的过程。所谓“反馈”,是指从教学对象处获得信息,以作为调控教学过程的依据。通过学生对教师的反馈,教师才能知道学生对知识掌握的程度,从而可以调节教学内容、方法和时间,做到教其所需、解其所惑。电教手段的运用为利用反馈信息进行教学提供了许多有利条件,如电脑教学系统,语言实验室,录音、幻灯、录像,等等。它们对及时准确利用反馈信息实现调控,具有许多独到之处。

教师在教学中贯彻这个原则时,要注意以下三点:(1)反馈要及时准确。教师只有对反馈的信息进行及时、准确的评价,才能起到使学生明辨正误或强化知识的作用,才能使教师的教学过程的调控取得成功。(2)要善于通过多种形式和途径建立反馈联系。如学生在课内的情绪、表情和思维活动状况,当堂的提问、作业、测验;课后的作业与批改,辅导,阶段性的考查,考试,经常征求意见;等等。这些都是掌握学生学习状况、建立反馈联系的有效形式和途径。(3)要发挥电教媒体利用反馈实现调控的长处。把学生的各种反馈信息用电教手段表现出来,有利于对教与学进行调节。

5.教师和学生要积极参与教学活动

教学,顾名思义,是教与学的双边活动,不能只有教师的积极性,没有学生的积极性。要有教与学两个积极性,才能形成生动活泼的教学过程,从而增强教学的活力。

教师在教学中贯彻这个原则时,要注意以下两点:(1)要发挥教师的主导作用。其主要表现在:编制高质量的电化教材;选择适当的电教媒体和其他教学媒体,编好教案;运用最佳的教学方法引导学生主动积极地学习;等等。(2)要发挥学生的主体作用。电化教学中学生的主体作用主要表现在:有良好的学习态度,在学习中能充分发挥主动精神;能认真观察,积极思考,发现、提出问题,并用所学知识分析和解决问题;通过自己动脑、动口、动手去获取知识,开发智能;课后能选择合适的电教媒体或其他材料进行有效的自学,以弥补课堂学习的不足,开阔视野,扩大知识面;等等。

(二)电化教学的基本环节

1.研究教学大纲和教材,确定电化教学课程的内容

先认真研究教学大纲,了解大纲对各章各节或课题提出的教学要求,以把握各章节或课题的教学重点、难点和关键处以及各章节或课题之间的内在联系。再深入钻研文字的教科书,进一步了解各章节或课题的具体内容,吃透每一课的教学内容,特别是它的教学重点、难点和关键处,并研究哪些内容光凭文字叙述和教师口头讲授,学生不易理解,需要借助于电教手段进行教学,从而制订学期的电教计划,确定上电教课的内容。

电化教学内容的确定,是上好电化教学课程的第一步。内容的选择恰当与否,对电化教学课的效果有着直接的影响。所以,任何学科中选择上电教课的内容,都应该符合以下至少一种情况:(1)一般应是教学的主要内容,即教学的重点、难点和关键处。(2)应该是那些用传统教学手段无法讲清或难以讲清或者是虽然能够讲清,但教学效率低的内容。(3)应是能够较好地发挥电教优势的内容。

2.根据实际教学需要,确定使用何种电教媒体

确定使用什么样的电教媒体,是上好电化教学课的一个重要环节。为了使电教媒体在教学过程中充分发挥作用,一般应从以下几个方面综合加以考虑:

(1)教学目的。要分析采用哪种电教媒体最容易达到教学的目的。比如,上一堂外语课,教学目的是着重培养学生的听说能力,就可以考虑采用录音教学;上一堂语文课,其教学目的是通过看图让学生写话或作文,提高观察能力,就可以考虑采用幻灯教学。

(2)学生实际。要分析采用什么样的电教媒体最能调动学生的兴趣和吸引学生的注意力,最易为学生所接受。比如小学教汉语拼音的声母、韵母

时,如果有两种幻灯片,其画面都能表形和表音,图像的清晰度均好,但是一种是单片、静片,一种是复合片、动片,那就应考虑采用后一种,因为后者更能引起学生的学习动机,教学内容也更易为学生接受。

(3)媒体效益。要分析采用哪种电教媒体投资少、效益高、效果好。如同一教学内容同时有幻灯、录音、电影、录像可供使用,教师就应当考虑:是采用幻灯好,还是采用录音、电影、录像好?是采用幻灯、录音合用好,要还是采用幻灯、电影(或录像)合用好?看采用哪一种或哪两种合用能更好地发挥媒体的效益,达到花钱少、时间省、效果好的目的。

使用哪种媒体确定以后,教师还要了解它、掌握它。对硬件,要了解它的性能是否保持良好状态,要熟练掌握它的操作方法;对软件,要深入理解它所表达的内容,以及它的功能和表现方法。软件是形声教材,要把钻研形声教材和文字教材摆在同样重要的位置上。

3.设计课堂教学,编写教学方案

设计课堂教学和编写教学方案是一个问题的两个方面,其目的都是制订一个具体的、切合实际的课时计划。前者是后者的基础,后者是前者的具体体现。

课堂教学设计的主要依据是:教学大纲和教材;电教媒体的特点和功能;学生的年龄特征、知识水平和班级情况。课堂教学设计的任务主要有:

一是要以教材为依据确定教学的目的,分清教材内容的主次,考虑在教学中如何抓主要矛盾,着力解决教学的重点、难点和关键处。特别要考虑如何在传授知识的同时,发展学生智力,培养能力。

二是要科学严密地安排教学进度,研究怎样根据学生认识发展的特点和教学规律,紧扣各个教学环节,有条不紊而又生动活泼地进行教学。

三是要根据具体情况正确地选择教学方法,研究如何更好地发挥电教优势,综合运用各种教学手段和方法,以充分调动学生学习的积极性,提高教学效果。

教学方案是课堂教学设计的具体成果,是课前准备工作的综合的、全面的反映。一份完整的电教课教案一般包括:班级、学科名称、课题、授课时数、教学目的、课的类型、电教媒体及其他教具名称、教学方法、教学过程、备注等。其中教学过程包括一节课教学内容的详细安排(按照一定的教学步骤)、教学媒体和方法的具体运用、教学时间与分配等,这是教案的主要组成部分。有些优秀教师的教案还有"课后分析"或"课后小结",用于分析教学效果,总结一堂课的得失。教案一旦制定,教师就要严肃认真地执行,但也要根据具体情况,即当堂的反馈信息,加强教学的随机性。

(三)电化教学的方法

电化教学是指教师运用电教媒体向学生传达教学信息。使用电教媒体的方法是否恰当,直接影响到教学信息的传递。

1.演播法

演播法指的是教师运用电化教学媒体播放录音、录像,或是通过电视系统,以开路或闭路方式远距离传递教学信息。

首先,使用演播法要保证有良好的视听效果,做到图像清晰明亮;声音清楚,音量适度。视听结合的演播材料,声画要同步。为此,应注意改善演播条件。例如,教室的遮光、银幕的位置、教师的站位等都要予以注意,尽量避免不利因素对演播的干扰。

其次,使用演播法要讲究步骤和方法,做到适时、适量,符合学生的认知规律。在教学中,先演播什么,后演播什么,怎样演播,演播的时间要多长,是否需重复演播,都要周密考虑。特别是投影片类型多,表现手法多,演示步骤和方法也就各不相同,例如遮盖片,一般应先盖住,然后按教学步骤一步一步揭开,展示教学内容;复合片主要是对复杂事物进行分解综合,起到化繁为简的作用,一般应按整体—部分—整体的顺序出示画面;活动片主要是向学生展示事物发生、发展、变化的过程和情景,一般应先演示事物变化的全过程,再分步骤、分阶段地进行演示,最后演示全过程等。总之,演示投影片时,要做到胸中有数,方法恰当,操作无误。

2.提示法

提示法指的是教师在教学过程中,对学生的学习预先给予必要的指点和引导。这种方法经常用于进行电化教学之前,即教师先提出一系列问题,让学生在上电教课的过程中边学习,边思考。

视听指的是在教学过程中学生运用自己的视觉和听觉接收电教媒体传递的教育信息。电化教学效果的好坏,关键在于接收信息的学生能否准确无误地接受和理解媒体传递的信息。因此,学生的视听是电化教学中关键的一环,教师必须抓住这一环节加强指导。

首先,教师要对学生进行观察指导。幻灯、电影、电视、录像等电教媒体主要是向学生提供视觉形象,教师的主要任务是指导学生观察。要使学生注意观察对象的主要特征和重要方面,了解画面各个部分之间、画面与画面之间的内在联系,从而完整地把握观察对象,全面而深刻地理解所学知识。要引导学生进行对比观察,区别事物的异同或某一事物发展变化过程中各个阶段的不同特征,以抓住事物的本质属性。

其次,教师要对学生的发音进行指导。电唱、录音、语言实验室等电教媒体主要是向学生提供正确的语音语调,包括不同人物在各种不同场合的说话、对白、朗读、歌唱等。教师应根据其在教学中的不同用途,有目的、有重点地进行指导。最好的办法是有选择地把学生在发音、朗读、歌唱中的疑难处录下音,当堂播放,引导他们进行分析比较,找出优缺点。播音的形式也应灵活多样,可以只让学生听,也可以要求他们边听录音边看教材(包括文字的、形象的),还可以要求学生轻声跟读或跟唱等。

3.解说法

解说法指的是教师在电化教学过程中对学生进行详细的讲解和说明。用电教媒体教学,虽然有的媒体配有解说(如声画同步幻灯机、电影、电视、激光视盘等),但是重点、难点或画面符合教学所用而配音不能达到教学要求时,需教师加入解说,尤其幻灯片、投影片、无声电影是需要教师边放映边进行解说的。

而电教媒体在教学中的应用,可以减少教师的讲解,也有助于教师的讲解。在讲解过程中教师要与演示紧密结合。不论采用何种方式讲解,都应抓住教学内容的重点和学生难以看懂、听懂的地方,抓住其与教学内容的内在联系进行讲解;而对一看就懂的部分,则不必也不应讲解。

4.综合法

综合法指的是将电化教学法与传统教学法综合运用的教学法。在传统教学中行之有效的方法,例如启发、提问、讨论、谈话、读书指导、参观、实验、实习、练习等,在运用电化教学媒体教学时也不必排斥,而是可以互相配合,取长补短,浑然一体,相得益彰。

在电化教学的过程中,教师要注重开启学生的思维,帮助他们养成思考的习惯,掌握正确的思维方法。启发思维要注意对思维品质的培养,这是培养创造型人才的重要一环。因此,在电化教学中,教师要善于凭借电教媒体提供的信息,采用多种方法,通过多种途径,引导学生进行分析综合,比较分辨,抽象概括,判断推理和想象、联想,以培养思维的指向性、逻辑性、广阔性、敏捷性、灵活性、创造性和批判性等良好品质。

教师启发学生的思维要抓住他们掌握知识过程中认识上的矛盾(如疑点、难点),启其所惑,导其所难,让他们通过独立思考,去释疑,解惑,最终解决矛盾。启发思维还要遵循认知规律,以缩短学生从感知到理解的过程,并发展其思维能力。有的教师在幻灯、投影教学中采用“由表及里法”“比较异同法”“排列组合法”“因果互导法”等,这些都是遵循认知规律启发学生思维的好办法。

(四)电化教学的课堂教学结构

电化教学作为一门新兴的教学手段,对于加强课堂教学的直观性,加大课堂教学的密度,提高教学效率,有着传统教学方式不可比拟的优越性。但是电化教学绝不是简单地放几张灯片,放一放录音。要充分发挥电教的作用,还必须认真处理好教师、学生、文字教材、电教教材以及其他传统教学媒体之间的相互关系,从整体上形成最佳的课堂教学结构。

1.诱导启发学生思维的结构

这种结构是教师在教学过程中运用电教手段引导学生对摄入的信息进行反馈与矫正,提供线索给学生,以利于他们掌握新知识、提高能力。课堂提的问题是教师根据灯片上的画面提出的,但答案不在画面中。比如讲解《卖火柴的小女孩》这篇课文,当讲到小女孩冻死在街头时,打出小女孩冻死在街头的灯片,这时教师根据画面提出问题:"冻死本来是很痛苦的,为什么小女孩嘴角还带着微笑?"这一问题能激起学生积极思考,教师可及时引导学生在阅读中认真思考。这样,用电教手段既达到了诱导、启迪学生思维的目的,又充分调动了学生学习的积极性。这种课堂结构的活动序列包括提问、开机、观察、诱导启发、阅读教材等多个阶段。

2.积极参与的结构

要想发挥学生在学习中的主体作用,教师就必须创造条件使学生积极参与整堂课的教学活动。电教手段给我们提供了有利的条件,在课堂使用电教媒体,不但教师可以在讲台上使用,学生也可上讲台使用;不但教的内容反映在银幕上,学生的反馈内容也可反映在银幕上。这种参与型结构活动的序列是:开机设问,学生演示,教师点拨或讲评,巩固练习。如语文课中的乱词组句,先将每一个词语的内容绘制成灯片,课堂上让学生在幻灯机上,将一张张灯片按内容先后顺序组成一组完整句子,学生边演示边用语言表达,效果很好,这样使学生有一种参与感。这种参与型结构能充分地调动学生的学习积极性,培养学生的操作能力,使学生成为课堂的主人。

3.激发学习兴趣的结构

学习兴趣是一个人学习动机的重要组成成分。电化教学在激发学生的学习兴趣,改革课堂教学结构方面能有效地发挥其功能。如上《狼和小羊》这节课,先用录音与幻灯把学生带入故事情境,让学生听故事、看画面,接着关掉录音,让学生一边看画面一边绘声绘色地讲故事,然后让学生展开想象的翅膀补编故事,最后请学生分角色表演故事。这四步充满了形、声的文艺色彩,激发着学生强烈的学习兴趣,使学生学得轻松愉快。

4.热烈辩论型的结构

这种课堂结构指的是教学过程中教师要有意识地运用电教化的手段,创设意境,让学生通过观察进行辩论,培养学生观察、思维和语言表达的能力,其活动序列包括提问、观察、争论、总结这几个阶段。比如:教师在课堂上讲解了课文内容后,有意识地在银幕上打出与课文内容不相吻合或意义完全相反的灯片内容,让学生进行辩论。辩论可分大课堂辩论与分组辩论,当达到高潮时,教师才打出与课文相吻合的灯片,加深学生对课文的理解,达到培养学生辩论能力和提升探讨、思考积极性的目的。

5.多媒体型结构

多媒体型结构指的是在课堂教学中,教师要根据实际教学的需要,综合运用多种媒体。媒体的使用不仅要考虑到教学中各环节的需要,更重要的是还要达到课堂教学的整体优化效果。这种多媒体型结构活动序列可分为两种:

(1)电化教学手段与传统教学手段优化组合:比如,上自然课《鸟》一课时,先采用幻灯投影,给学生讲清各种鸟的特征、生活习性(采用特写镜头便于学生观察),接着提出问题,最后展示各种鸟的标本,使学生进一步地认识鸟。

(2)电化教学各媒体之间进行优化组合:比如上《鸟的天堂》一课时,讲解大榕树的静态场景时可采用幻灯投影,讲解千姿百态的飞鸟的动态场景时可采用电视录像。

二、幻灯与投影教学在课堂教学中的应用

(一)幻灯机的使用方法

1.使用幻灯机之前,一定要认真阅读有关产品说明书,了解该机性能、特点,检查各种附件是否齐全。

2.使用幻灯机时,要将幻灯机放置在适当的位置。幻灯机与银幕也应有适当距离,如使用1.5米的银幕,则距离约为4~5米。其光线高度以超过学生头顶为宜。

3.装置幻灯片时,一定要按预计的放映次序将幻灯片插入幻灯机片盒内。不论是直盒式片盒或圆盘式片盘,装入幻灯片时一定要使图像倒立,并将幻灯片的药膜面面向光源。

4.开机前,要认真检查电源线及电器插头是否完好,电压是否符合要求。

5.开机后,要认真检查风扇马达是否正常运转。如果灯泡、风扇马达分别用两个开关控制,要先开风扇马达开关使其运转,稍等一会儿再开灯泡开关;关机时的操作顺序相反,即先关灯泡开关,后关风扇马达开关。这样可以延长灯泡使用寿命。

6.调节放映镜头的焦距。放映幻灯片时,先用手旋转镜头筒调节焦距,使银幕上画面清晰。若机器有自动调焦按钮,先用手工粗调,再用按钮细调。放映过程中,也常会因换片后片夹厚度不一而需要随时微调焦距。

7.如果放映幻灯时发现异常现象,如有异常声响、气味、卡片等故障,一定要停机检查,排除故障后再继续使用。

8.幻灯机用完后,要收拾好机件,妥善保管。

(二)投影仪的使用方法

1.投影仪的功用

第一,可以当作黑板使用。投影仪的上面放置有一块玻璃或透明胶片,教师在上边写字或画图就如同在黑板上写字、画图一样,可以投射到银幕上。教师用彩色笔在其上书写或绘画,映出的图像鲜明、清晰,还可使教师免吸粉笔灰;同时由于面向学生,也可加强组织教学。

第二,可以用来书写教学大纲。教师课前在胶片上写好教学大纲,上课时在胶片上覆盖一页纸,讲到哪一部分就露出哪一部分,讲完课后还可留作讲课小结和复习巩固时使用。

第三,可以用来做小实物或化学实验演示。比如物理课的电磁现象的演示与化学课的试剂使溶液变色或沉淀实验的演示等,均可放在投影仪载物玻璃上来做,将各自现象放大映示在银幕上,使全班学生都能看清楚,解决了传统教学中演示实物或做化学实验时,仅前几排学生看得见,后面学生看不清的情况。

第四,可以用来做课堂作业。将透明胶片发给学生当作业纸,让学生完成课堂作业,做完后放在投影仪上批改,教师批改一两份就可使学生知道自己的作业正确与否(也可以让学生进行批改,教师订正)。这样可以节省教师批改作业的时间。

第五,还可以提供形象的视觉效果,增强学生对教学内容的感知。根据教学内容,教师设计与制作关于讲解难点、重点的投影片,加上生动解说,运用形、色、情、意,可以使学生增强感知,加深理解。

2.投影仪的使用方法

使用投影仪进行教学特别方便,只需要把室内靠讲台的窗户挂起窗帘,使室内光线略微减弱,学生就能看清楚画面,并能在足够的光线下记笔记、绘略图、阅读课文等。

运用投影仪进行教学时,投影仪一般应距银幕 2 米左右,反射镜朝向银幕。教师面对学生讲解时,可直接掌握课堂信息的反馈。教师除应用投影仪外,同时可使用其他教具进行教学,大小教室均可使用。

教师可用投影仪单片、卷片、复合片、活动片进行教学,也可在载物玻璃上用透明器皿将化学实验演示给学生观看。

使用投影仪时,要先接通电源,把投影幻灯片放在载物玻璃上,旋转调焦旋钮,上下移动镜头托板和调整反射镜角度,一般反射镜与放映镜头呈45°角时可使银幕上的影像鲜明清楚、位置大小合适。

(三)使用幻灯、投影进行教学时的准备工作

使用幻灯、投影进行教学之前,教师首先要掌握用幻灯、投影进行教学所能起到的功能作用,根据其不同的功能作用和教学的目的要求,相应地采取适当的方法,做好幻灯、投影教学准备工作。

1.严格选择

要确保准备放映的幻灯、投影片和文字教材的内容紧密结合。同时要把幻灯、投影片排好顺序,以便配合课堂教学进行放映。

2.做好要演示的幻灯片数和投影的片数、所需要的时间及怎样解说的计划

教师首先要明确:放映幻灯、投影片并不能代替教师讲课,而是用形象的画面来辅助教师讲解。不可整节课放映幻灯、投影片,放映多少要根据讲课内容、类型和需达到的目的来确定。

幻灯、投影在什么时候放映,应该根据实际的教学需要和条件来决定。课前、课间或课后放映各有优点:(1)课前放映,如预习课,能引起学生学习新课的兴趣,启发思考,为学习新课打下基础。(2)课间放映,目的是让学生把注意力集中在学习对象上,通过仔细观察幻灯、投影片内容以形成概念。最好由教师一边讲、一边放映,这样就能起到突出教材中的重点与突破教材中的难点的作用。(3)课后放映或者是复习课放映,目的是巩固学生已有知识,检查他们对于现象的分析、表达及从科学角度说明现象的能力。解说工作最好由学生自己去做,但是教师对于学生的发言要进行指导,使学生能够充分领会幻灯片的主要内容。最后教师还要联系学生学过的教材加以总结。

教学中对幻灯和投影片的使用,要根据实际教学的需要,少而精,讲求实效,不宜贪多。系统性较强的幻灯、投影片,如某件事的发生过程、具有完整情节的故事内容、某件产品生产程序和自然现象变化过程等,不宜拆散放映,以在预习课或复习课时间放映较合适。

3.做好放映幻灯、投影的准备

如安排好电源、窗帘、幻灯机或投影仪与银幕之间的距离以及学生的座位等因素。

4.检查仪器,做好上课前的准备

检查灯泡有无损坏,开关是否完好,输片机构是否灵活,放映箱有无问题,等等。

三、电唱机在教学中的应用

(一)在课堂教学中的应用

电唱媒体由于受到教学软件(唱片)制作不方便的限制,在实际教学中

主要应用于外语听力、音乐、戏曲或其他艺术欣赏类课程的课堂教学。

教师在教学中应用电唱机做辅助,根据教学的实际需要选择适宜的唱片内容,并把它写入教案中,如通过播放唱片解决教学中的什么问题,播放哪段内容,播放多长时间,等等。在课堂上,播放前,教师要对播放内容作必要提示并对学生提出具体要求;播放时,对于重要的内容,可让学生重复听2~3遍;播放结束后,教师要提问学生听音中的要点,检查听音效果。这对于提高学生的外语听力和音乐、戏曲等的艺术鉴赏能力很有好处。

(二)在课外学习中的应用

课堂学习之外,学生还可以利用学校或家庭的电唱机及其有关内容的唱片进行自学。如利用电唱媒体自学外语时,一定要做好必要的预习和复习,听音时也要循序渐进,不可一次听得太多。学习时还要注意把听、说、读、写结合起来,从而达到最佳自学效果。

(三)在课外活动中的应用

在教学中将电唱机与扩音机有效地结合起来,充分利用课余时间有计划地向学生播放外语及音乐等节目,对于活跃学生的课余生活,提高外语听力和艺术鉴赏水平都将是十分有益的,也一定会受到广大师生的欢迎。

四、语言实验室教学在课堂教学中的应用

(一)语音、语调训练

语音、语调训练是学好一门外语的基础,它通过听音、辨音、摹仿、正音等训练,使学生达到熟练正确地掌握外语语音、语调的目的。这种训练一般安排在听说型或听说对比型语言实验室进行。

为了更好地对学生进行语音、语调训练,教师要认真选编好训练教材,在语言实验室的语音、语调训练课上播放给学生听,由学生摹仿并反复进行跟读操练,通过不断地对比、正音,帮助学生掌握正确的语音和语调。

(二)听力训练

听是语言交流的前提和基础,听力训练的最终目的是提高学生听懂外语的能力。利用语言实验室进行听力训练前,教师要为学生准备各种听力材料。选编听力材料时,一是要根据学生的水平,选择那些有利于巩固旧课,预习新课,帮助记忆,并且生动、有趣的听力材料;二是要选用那些用正常或接近正常语速播放的材料。

进行听力训练最有效的方法是采用分句、分段或整篇播出的方式播放给学生听，还要通过提问和让学生复述的方式来检查学生听懂的程度。在听力训练中，常把听力材料分为精听和泛听两大类，可安排在具有放音和听音功能的单听型语言实验室进行。放音的方式可以由教师统一播放，或由学生录下来后反复自放自听。教师通过口头或书面的形式检查学生练习的情况，并有针对性地给予个别指导。

（三）句型训练

句型训练的目的是帮助学生掌握句型的结构，了解句式的语法规律，提高学生识记和摹仿运用语言的能力。常用的句型训练有替换（用给定的词或词组替换句子中的某一部分）、转换（就是转换句子形式，如把陈述句变为疑问句）等练习方式。录制句型训练教材时，应先录练习举例，采用二步式、三步式或四步式编排，视句型的难易程度而定：对于简易句型，训练教材可采用练习要求，让学生练习两步式编排；对于稍难句型，则在学生练习后提供正确答案和留有学生复述正确答案的空隙，这就是三步或四步式练习形式。句型训练教学适宜于在听说对比型语言实验室进行。

（四）对话训练

对话训练是提高学生口语交际能力的重要手段之一。它可以在听说对比型语言实验室进行，如果配有提供会话背景的视觉材料，在视听对比型语言实验室进行，效果会更好。

在对话训练中让学生按不同的角色进行表演是一种很有效的训练方法。会话训练使用的录音教材常分为三个部分。第一部分是按正常口语语速录制的整篇会话材料。训练开始时，先从头至尾播一遍，目的是通过让学生听录音，了解会话材料的大致内容。第二部分是将会话材料分句录制，在每句话的后面留有空隙，供学生摹仿、练习和记录时使用。第三部分是用角色代替方式录制，如把要替换的 A 角色讲话部分空出，由学生扮演 A 角色，并将摹仿 A 角色的讲话录制在磁带上。其他角色的会话也照此法训练。

（五）口语翻译训练

口语翻译训练是对学生的外语听说能力进行的一种综合训练。它最好在视听对比型语言实验室结合录像、电影或幻灯所提供的视觉材料进行。

制作口语翻译训练录音教材时，可以将口语翻译材料分句（或分段）间隔录音。间隔时间的长短视口语翻译内容长短而定。学生在听完一句（或一段）话后，接着进行口语翻译练习，并记录在口语翻译训练教材的空隙处，以便重放时进行对照检查，发现不妥之处可及时予以校正。这种训练实战性强，虽然难度较大，但是学生感兴趣，效果一般较好。

制作口语翻译训练录音教材时，将口语翻译材料分句训练的另一种方式是利用幻灯、电影、录像等提供的视觉情景，让学生边看、边听、边译。开始时，对于难度较大的一些关键词语，可在画面上加以提示，帮助学生理解。将口语翻译材料分句训练，能使学生进入“角色”，因而现场感强。在学生反复训练后，教师要给学生提供示范性翻译。

五、电影教学在课堂教学中的应用

1.教师按照课前准备的教案组织实施课堂教学。

(1)电影放映前由教师介绍影片内容，说明目的、要求，让学生有的放矢地看电影；(2)放映过程中由教师作提示，启发思考；(3)放映结束，由教师作影片内容要点说明，然后结合已经讲过的系统知识、概念、原理等作系统分析说明，促进学生认识的深化；(4)组织提问、讨论或布置作业，巩固电影教学。

2.电影放映前由教师对影片内容进行介绍，向学生提出学习要求，放映时由教师口头伴讲，将话筒接入放映机扩音部位的话筒输入插孔，边看边作说明。

在必要的时候教师还可让放映机暂停，有倒退功能的也可倒回去再看一次，让学生看清楚重点内容。教师伴讲，要按照教学要求启发诱导，帮助学生更好地观看和积极地思维。放映后要组织学生讨论影片内容，丰富学生知识、巩固所学知识以及增强教学效果等。这种伴讲方式，除有电影教学经验的教师外，很难做到恰到好处。可是，电影教学应该向这种教学方向发展，以利于改进教学，提高质量。

3.单纯由学生来放映影片，教师只是简要介绍影片与课程的关系和应注意的问题。

这是一种最简便的方法。教师不需要作过多的准备，它不仅适用于一个班级的学生，还可把两三个班或两三个年级的学生合在一起上电影课。放映后有结束语和课后作业。这种方法适用于初次用影片教学的教师，因为教师只要先审阅一遍影片内容，稍加准备就可应用。

一般情况下，课堂电影教学一般不要超过半小时，在组织教学时教师一定要做好上电影课的计划，如上课后先复习旧课 5 分钟，再进行新课 10 分钟，放映电影 20~30 分钟，放映后归纳总结 5~10 分钟。没有计划的电影教学课不会达到好的教学效果。

电影教学结束后应做好以下工作：

(1)整理演示影片所用的器材和用具。

(2)从学生的角度考虑电影教学的效果,总结经验,改进教学方法。要思考:在电影教学过程中是否吸引了学生的学习兴趣?是否引起了学生内心的共鸣?是否激发了学生深入研究问题的热情?是否促使学生情绪高涨?如果这些问题的答案是肯定的,那么这节课就是成功的;如果答案是否定的,就需总结教训,加以改进。

运用电影组织课堂教学时,首先要明确:课前的准备、课中的影片演示和课后工作,都与普通讲课方法有所不同,在评价这种教学时,应该全面考虑。首先应看影片内容是否与教学目的一致,是否提供了丰富的材料,是否获得了最大的教育效益;其次要看影片内容是否适合学生水平;最后考虑演示影片是否合乎教学需要和程序以及影片质量、放映技术等。

六、录音机在课堂教学中的应用

录音机在课堂教学中的应用比较广泛,主要是用来辅助那些与声音有关的内容的教学,如外语教学中的语音、语调、听力训练;语文教学中的朗读与讲演能力的培养;音乐课中的听音、名曲介绍及欣赏等教学内容以及用声画同步形式进行的各种教学活动;等等。

为了更好地发挥录音机在教学中的作用,上课前教师必须做好各项准备工作,如运用录音教学的计划、教案、录音机及有关录音教材、教学场地条件等。

要更好地发挥录音媒体在课堂教学中的作用,应做到准确、适时。为此,除课前做好周密准备工作外,还要熟练掌握录音媒体的操作和使用方法。录音教材播放前,教师应结合听音内容向学生提出问题,让学生带着问题去听、去想。录音教材播放完了之后,教师应充分利用录音媒体提供的教学信息,根据教学内容、教学目的和教学要求,指导学生进行练习。最后教师还要概括总结录音教学的内容要点,必要时还可再重播一遍录音教材,以巩固录音教学的效果。

教学中运用录音媒体结束后,教师要妥善保管所用录音机和录音教材,以备今后教学中继续使用。教师还要注意听取学生对录音教学的意见和反映,不断总结和改进录音教学工作。

录音媒体在课堂教学中的作用如下:

1.能够协助教师更好地组织课堂教学

录音媒体在教学中的作用很广泛,只要是可以通过声音传递的教学信息,都能收到改进"教与学"的效果。例如,本国语的语文课示范朗读,外国语的听力训练;音乐课、戏剧课的正音、调嗓子、音乐欣赏、集体合唱或器乐合奏的改进;医学课上通过心脏跳动的声音培养分析病理能力;机械课上对正常转动与故障声音的辨别判断;等。以上内容均可利用录音协助教学,提高“教与学”的质量。

2.能够帮助教师更好地因材施教

在同一个班级中,由于学生中存在学习上的差异,教师在课堂教学中很难面面俱到。但是利用录音教材,可以根据学生的不同特点,提供不同的学习材料,供学生进行个别学习,就能实现对学生的因材施教。

3.能够使学生在学习中及时有效地获得自我反馈

课下学生还可以利用录音机进行外语的听说练习,语文课的朗读,音乐课的演唱或演奏。学生可以边练习,边录音,然后重放出来自己听,从而进行自我鉴别、自我反馈,找出练习中的不足并及时纠正,提高练习效果。

4.能够帮助教师更好地备课,提高教学效果

教师在上课前可以先把要讲的内容试讲一遍,并用录音机录下来,然后重放出来自己听,找出其中的不足并及时加以纠正。这种方法对初次上课的青年教师提高教学水平十分有效。

5.能使优秀教师发挥更大的作用

优秀教师可以通过录音媒体给更多的学生授课。同时,其他教师也可从优秀教师讲课示范中学到教学经验和方法,从而提高自己的教学水平。

6.能够提高教师的教育教学技巧

一个教师语言表达能力的强弱对于启发学生的学习积极性的高低影响很大,比如有很多教师讲话平板、有语病,影响课堂教学效果,但他们本人却不知道。这时,这些教师通过去听录音,就可以发现问题并予以纠正,提高教学技巧。

7.能够提高教师课堂上提问的质量

课堂教学中教师常常会向学生提问,一般情况下,学生回答不准确时,教师会责备学生。用录音机协助教学,教师就可以找到学生回答不当的根源所在,如所提的问题模棱两可导致学生不易回答准确等,即可使教师变责人为责己,从而提高教学提问质量。

七、电视教学在课堂教学中的应用

在课堂教学中,有一部分教学内容需要运用电视教材代替教师进行讲授,或对教师讲授的教学内容进行充实或补充,这些专题电视教学是教学计划中的一个教学环节。目前在高等学校中不少课程的绪论课、教学演示、工艺过程、教学上的难点、指导实验实习等都使用电视教材代替教师讲授。中学课程中也有不少专题电视教材。使用这些电视教材,一般应与教师的课堂教学配合,扬长避短,使教学效果最优化。

一般情况下,组织专题电视教学课的方法有以下几种:

1.给学生发放相应的提纲式专题电视教材讲义,以弥补电视教学的即逝性和不易记笔记之不足,便于学生提前预习和课后复习。电视教材形象、直观、生动,学生看后印象深刻,讲义可帮助学生掌握内容要点、重点,起到归纳巩固的作用。

2.课前教师要给学生讲清学习本课的目的和要求,向学生提出要注意之处,引导学生观看学习,看完后由教师归纳、总结,予以巩固。

3.在电视播放的过程中,教师要边看边进行讲解,做出补充说明,启发诱导。

4.在教师讲授的过程中插播电视教学,将传统教学的方法与应用电视教学相结合,发挥各自的优势,使电视教学与课堂教学内容结合更紧密。

当前,有些国家广泛设立了课程专用教室,提供各种现代化教育媒体供教师上课时选用,教师也可自己编制教学软件,应用现代教学技术和方法取得最优化教学效果。我国目前有的高等学校也已设立多媒体专用电化教室,除常用的投影、幻灯、扩音机外,还有放映电影和电视录像的设备,教师可以根据教学需要,选择使用不同的教学媒体。

比如,大多数公共课程的教学实验,需要做的实验数量多,学生人数多,指导实验任务重,教师往往分班分组反复讲解和示范。应用电视录像教学,可以减轻教师讲解示范的负担,又可提高指导实验的教学质量。目前有的高等学校已在实验室内安装闭路电视,应用录像教材代替教学实验的讲解与示范,效果十分好。

示范教学在不同的学科领域有不同的表现,例如,在劳动课中指导学生生产实习,师范学校组织的教学观摩,体育课程中的动作示范。录像教材可把示范动作与标准的教学演示反复播放给学生学习,让学生看懂看清,细节部分可以放大特写,快速动作可以慢放剖析,有利于节省教学时间和提高教学质量。在师范院校中应用电视录像,进行教学实习前的试教训练,学生可以看到自己在试讲中的不足,也便于教师通过录像进行具体指导。电视录像还可帮助师范院校的学生对各种教学环节进行实习训练。

八、电脑在课堂教学中的应用

即便是一般视听工具的应用,比起传统的教具,也更为丰富、灵活、精巧、高效……这是显而易见的。但是,它们应用的教学原理,基本上没有什么本质的变化,仍然是传统教学论上讲到的那些,特别是直观原则和演示、实验法的原理。它们主要是提供感性形象知识,借以形成概念,为此,要明确目的、精心选择,与语言指导、启发思考等结合起来。唯有程序编制与电脑的出现,才让其应用和功能原理起了质的变化。

如前所述,电脑的来源之一是程序设计。程序教学的特点之一是主动积极的反应。发展到计算机,就明显地具有了相互应对的功能,学习者自身参与学习过程,直至人—机对话。这跟传统的直观教具或一般的视听工具就大大不同了。电脑具有部分人脑的智能,不只可记忆、重现,而且能识记、再认、理解、思维、计算、控制、指挥等,因此,它的应用,包括人怎样使用以及如何充分发挥它的性能、作用,就变得复杂起来,也更加值得重视和研究了。

关于电脑的应用,一般分为两大类:一是“电脑辅助教学”,简称 CAI;一是“电脑管理教学”,简称 CMI。这里综合起来简单介绍一下。

1.用来储存、呈现信息和资料

电脑在教育教学上就是提供各门课程的教材。这一点在原则上并未超越程序课本、教学机器、录音、录像、电视、电影等媒体的功能,但是,其数量却比以上那些媒体所能提供的多得不可计算,不可比拟。

2.可以用来指挥和控制其他视听工具,使之协调地应用于自动化教学

比如,语言实验室,物理、化学、生物等专用自动化教室,由多种收、录、播像系统和摄、录、映像系统装置组成,就可以由电脑进行控制指挥,进行各种教学活动。

3.电脑还可以用来进行模拟教学

比如,美国对飞行员的训练就是利用电脑的这个功能。驾驶员坐在特制的“驾驶舱”内,电脑根据各种假设的自然条件及飞行操纵情况,控制一些升降装置,使机舱倾斜、升降或抖动,甚至发出各种声音,并通过电视摄像机配合映出陆地、天空、云层等景象,使驾驶员有身临其境的真实感。这种模拟教学的方式后来推广到了中小学各种教学中。

4.电脑还可以用来进行教学管理

这些管理包括以下三方面的内容:

(1)收集和记录学生回答问题的资料,对学生的学习情况进行跟踪记录;

(2)分析收集来的资料;

(3)反馈,即向教师提供以上两类资料,以便教师及时调整教学过程。

5.电脑还可以应用于实际的教学活动

现实生活中,这种电脑常被人们称为“人工智能型电脑”或“教师型电脑”。它的主要特点是能进行人—机对话。相比之下,以上四种计算机的作用都还只是单向的和被动的。而在比较完善的系统下,学习者可根据自己的要求,运用搜索功能在电脑中输入问题,电脑很快找出显示教学内容,并在电声输出器上有讲解的声音输出。每讲完一课,电脑还可提出思考题或练习题,要求学习者回答,对学生的回答情况进行分析、判断,进而提出学习资料。

6.应用最普遍也是最广泛的是网络和论坛

这项功能是前面所介绍功能的进一步扩展。由一个地区、国家的许多电脑与一个电脑服务器联络而成。可以远距离地进行学习,还可以更广泛地利用多台电脑储存的信息资料。通过这种网络还可以实现全地区甚至全国范围的学习者共同讨论问题。

第三节 现代教学手段——新电教

一、校园网络

(一)校园网络建设成为社会发展趋势

随着科技的发展,人类社会国际化、信息化程度越来越高,这使得现代教育面临一系列的变革。尤其是多媒体电脑在教育教学过程中的应用越来越普遍,使校园网络建设成为中小学基础教育信息化发展的必然趋势。

运用现代教育技术建设校园网络具有重大意义,这表现在:

1.校园网络化已经成为推进素质教育的需要

我们常说电脑是人脑的延伸,但单个电脑的容量和功能毕竟是有限的,无法与蕴藏着巨大潜能的人脑相比。而互联网的出现将古今中外全人类的智慧汇聚到覆盖全球的巨型网络系统之中,创造了一个每时每刻都在急剧发展的全人类的“大脑”。在这个全新的环境中,拥有信息时代学习与创新能力的人就拥有充满机遇和希望的新世纪。现代教育技术如何研究信息化、网络化的社会文化环境,如何驾驭新的教育环境和教育模式,培养受教育者具有适应新时代的学习与创造能力,不仅成为衡量教育现代化水平的标志,而且将成为个体乃至整个民族跨入新世纪的“通行证”。可见,建设校园网络是基础教育信息化的根本途径,丰富多彩、健康清新的校园网络文化将成为学校培养学生思维方式、道德品质、创造能力的新环境,成为面向全体学生,培养全面发展的高素质人才的崭新平台。

2.校园网络化已经成为迎接知识经济时代的战略制高点

在知识经济时代,人的智能和知识将作为社会的主要资本,不断代替机器和厂房。这个新时代将充满残酷的竞争和替代,孩子们的未来将依赖于他们掌握新概念、做出新选择、不断学习、不断适应的能力。

把校园建设成一个小型网络社会,创建丰富多彩的校园网络文化对于转变陈旧教育思想和观念,促进教学内容、教学方法、教学结构和教学模式的改革,加快建设教育手段和管理手段的现代化有决定性作用,尤其是对于深化基础教育改革,提高教育质量和效益,培养“面向现代化,面向世界,面向未来”的创新人才具有深远的意义,因为21世纪既有来自高科技的挑战,又有来自生态系统、道德危机、情感危机等系列全球性重大问题的挑战。我们通过校园网络文化建设来培养学生未来社会所必需的品格、能力、思维与行为方式,不仅是改革教育模式的制高点,更是提高国民素质水平的基础步骤。

3.校园网络化是教育现代化的重要标志之一

在当前轰轰烈烈的教育改革中,世界上大多数国家都在加快教育现代化的步伐,其信息化程度的高低已成为当今世界衡量一个国家综合国力的重要标志。教育是人类自身再生产、再创造的复杂系统工程,其效益和现代化程度显然是至关重要的,但目前我国的教育信息化程度还停留在靠一本书、一支粉笔和一张嘴来工作的重复性劳动中,要想把我国的教育信息化变革速度加快,实现教育领域从劳动密集型向资本、技术密集型的转变,就要将学校教育同家庭教育、社会教育,尤其是大众传播媒介的隐性教育融为一体,实现教育中人力、物力资源的多层次开发和合理配置。而运用现代教育技术建设校园网,营造清新的校园网络文化氛围就是从根本上落实教育的战略地位,解放教师的生产力和提高师生的创造力,为现代教育增添创新优势。

4.现代教育技术的应用

电脑在众多领域的广泛应用使得人们的工作方式也不断发生变革,但这种变革在学校教育中始终没有发生。许多学校花费大量资金购买来的电脑仅仅用于一些简单的操作和烦琐的程序语言,或者是将书本上的内容搬入电脑,为应考准备各种“电子题库”,劈头盖脸地压向早已厌倦了题库的学生,结果当然不受欢迎。

国内外众多校园网络建设的实践告诉我们:当教师作为教学活动的管理者和引导者而不是说教者时;当学生开始从被动知识的接受者转变为主动的探索者和个性化的独立学习者时,电脑就改变了传统的师生关系和交往方式。虽然学生花费了一定的时间和精力才逐渐学会熟练运用新技术,但他们学习各种知识和技能的兴趣与能力越来越高,学习的效果越来越好。可见,高科技带给教育的不仅有手段和方法的变革,还有包括教育观念和教育模式在内的根本性变革。

(二)建立在校园网络基础之上的小型网络辅助教学系统

1.背景

随着教育信息化的普及以及众多学校校园网建设的不断完善,在高校教育教学中网络的运用越来越普遍。通常我们首先会想到时下最流行的网络学院,即基于互联网的远程教学。这一方式可能是最大限度地利用了网络媒体的优势,最大限度地挖掘了网络应用于教学的能力。然而网络作为一种媒体,由于它本身的丰富特性,对于它的运用方式必然是多种多样的。基于校园网的运用由于运行环境优越,传输速度限制较小,不同用户的使用需求逐渐清晰,各式各样的运用模式也逐渐明确起来。

在这种趋势下,许多机关单位、企业和学校尤其是高校开发了大型的网上教学支持平台。一个完整的网上教学支持系统通常由以下几个系统组成:网上课程开发系统、网上教学支持系统、网上教学管理系统以及网上教学资源管理系统。一般来说,大型网络教学平台的通用性功能开发得比较完善,但是,对于在大学从事教学工作的教师来说,由于他们的具体情况差异较大,大型平台的种种好处不一定符合他们的使用需求。就功能设计来说,大型的网上教学支持平台往往考虑的是网络远程教育,即基本教学过程通过网络进行。而对于在学校中采取课堂教学为主要手段的教师来说,许多功能就不太适用或没有必要了。另外,也存在一些基于校园网的网络辅助教学系统,是为以课堂讲授为主的教师服务的。但是,这种平台往往又没有提供一些必要的手段,让教学内容在一定程度上得以呈现。

对于教学内容来说,即便是大型的网上教学支持平台,一般情况下也无法真正为教师提供灵活的符合要求的工具,我们通常称之为网络课件的著作工具,经常只是提供一个教师能够下载存储离线编辑的课件的空间,而对于经由这种手段达到所谓网络化的教学内容,教师可以控制和修改的余地就太小了。其次,由于大型平台的管理机制问题,尤其要为了平台的通用性而牺牲教师自己的一些需求,当这种牺牲超过网络给教师带来的好处的时候,教师就会产生望而却步的想法。

在校园网络化的实践过程中,许多学校逐渐认识到,以课堂讲授为主进行授课的教师需要一种非常灵活的方式来使用校园网,以便对他们自己所教授的课程进行辅助。这种辅助程度的深浅,完全取决于教师的授课情况和对网络的利用情况,而这一点又是由具体课程的特性决定的。我们认为它应该是一种基于校园网的小型的网络辅助教学系统。这种小型系统的设计是从具有不同授课特点的教师的角度出发来考虑的。当然,这种小型网络辅助教学系统与大型通用平台相比,可能不具备非常全面的功能,但是,它灵活多变,更多的考虑了在教学内容网络化方面的实用性,能够把教师上课的内容特点充分反映到网络上来。特别要指出的是,这样一个小型系统在开发完成之后,使用的每一个环节都是由教师自己来控制维护的,即使在课程内容的网络化方面也由教师自己来完成。这样,对于教师控制整个双轨教学过程——课堂讲授和网络辅助是非常有好处的。

2.实践

某学校在一个实际项目中，按照他们自己的想法开发了一个相对小型的网络辅助教学系统。这个系统设计时的运行环境是清华大学校园网，但实际上可以运用于各种校园网、局域网。从技术实现上来说，系统是可以运行在广域网上的，但从实际运用和管理上来说，由于要有先期课堂讲授的条件，所以系统的运用限定在一个区域范围之内比较有效。

(1)清华大学的校园网络化建设

清华大学作为一所先进的高校，早已建成了数字校园体系结构，光纤通达140座大楼，铺设近100千米，入网电脑2.4万台，学生入网人数达100%，教职工达85%，在这样的校园网环境里，运用网络辅助课堂教学是完全有可能实现的，教师不需要再去考虑诸如学生上网困难的情况。所以，默认情况下，所有学生上网的条件和可能性是均等的，并且达到教师要求的，例如上网时间、网络技能等。早期由于网络环境、接入机会以及学生对网络的操作技能而造成的一些无法估量的影响因素在目前情况下都不予考虑了。

(2)背景和需要

该学校选取的课程案例是：工程力学。这门课程是清华大学工程力学系范钦珊教授开设的技术基础课，面向大量工程专业的学生，例如机械系、精仪系等，每学期上课人数大约有360人。课程的目的是培养学生的力学素质、工程素质，在课程中联系着广泛的工程实际，为学生将来进行工程设计打基础。课程内容的特点是包含大量的工程实例，剔除了烦琐的数学计算，引入电脑分析。

在课堂上，教师授课的特点是：启发式、讨论式和互动式的教学。在重视教师主导作用的同时，引导、重视学生的主体地位，重视学生的响应和发挥，注重培养学生的创造性。在课堂上提出问题、分析问题，注重启发学生思考解决问题的方法。尤其在课堂教学中留出空间，让学生自己课后去学习、思考、讨论、交流并得出结论。

在课堂上，教师采取的授课方式是：课前先制作出优秀的Powerpoint(幻灯片)电子教案，并且在课堂讲授时对电子教案的利用极有深度，大量精彩的图形、照片资料，甚至公式的推导过程都在电子教案中得以体现。在进行课堂讲授时，教师充分利用电子教案的种种特点和优势，与生动的语言紧密地结合在一起，引导学生从形象思维过渡到抽象思维。这种授课方式具有非常好的课堂教学效果。

但是，实际情况是，由于课程内容量大，学生人数多，课堂上的讲授很难在第一时间让所有学生领会；而且，教师在课堂上组织的讨论只能在很小的范围内进行，能够在课堂上参与的人数和所能花费的时间都很有限。但是在这种启发式教学模式之下，讨论和交流又是必不可少的。首先，学生感觉极为需要在课后复习课堂上的讲授;其次,需要在课后复习的基础上进行讨论和交流。所以利用校园网来解决这个需求是最佳选择。简单来说,我们面临着把课堂教学内容网络化和提供网上交流功能的任务。而且,这些课程内容的网络化和对交流平台的管理和控制必须由授课教师或者课程助教来完成。由于整个系统对教学的辅助是动态的,是随时根据课堂教学情况调整的,如果我们只采用事先开发好的课件显然无法满足要求。所以给教师提供足够的功能和权限,使他们可以真正同时控制课堂教学和课后网络辅助之间的关系是十分必要的。针对以上需求,我们计划专门为工程力学开发一个基于清华大学校园网的网络辅助教学系统。

(3)建设网络辅助教学系统的重要意义

我们知道,一个学校建设网络辅助教学系统,首要任务就是让学生在课后可以复习课堂上的讲授,其次,课堂上无法满足的讨论和交流可以在这个系统中、在教师的控制下进行。教师还希望在课后,学生复习完了课堂内容之后,检验一下自己对课程内容的掌握情况。所以添加了与课程内容相对应的自测功能。

为实现这个目的,课堂讲授内容需要部分网络化,系统必须给教师提供相应的著作工具。实现交流功能主要靠论坛和答疑信箱。系统同样要给教师提供对论坛的管理权限。此外,由于讨论和交流所形成的社区感,需要添加由教师管理的用户管理、公告栏等功能。自测部分也设计了创建题目和管理统计功能,教师根据课程情况随时维护自测题库并查看学生做题统计,了解学生的学习情况。

(4)方案的确定和实施

在开始设计这个方案时,学校考虑到现实情况下教师授课时的特点,决定把教师的电子教案的画面和讲课的声音作为主要内容提供给学生做课后复习用。在设计时,确保做到教师的声音和相应的画面同步演示。为了更详尽地提供课堂信息,在教学页面上增加了一个文字显示区域,把教师在课堂上针对相应页面的讲解尽录其中。同时,教师在课堂上引用过的视频资料、动画资料以及其他格式的相关资料也无一遗漏。至此,形成了一个我们称之为教学页的模板(如图 2-1),此后的课堂教学内容都以此模板为基础添加。而著作工具也以此模板为原型打造(如图 2-2)。同时提供的附加内容还有课程介绍、教师简介、学习方法建议。

同时,学校从教师控制网络辅助系统的角度出发,为教师在网上的每一项工作设计出方便好用的著作、管理工具。例如:对学生用户、公告栏、讨论区、自测题分别设置教师管理功能。而对内容的管理体现在课程内容网络化管理工具上(如图 2-3)。

图 2-1　教学页模板

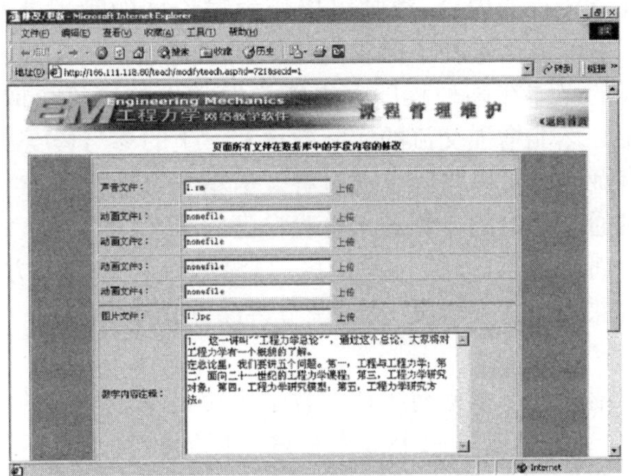

图 2-2　教学页著作工具

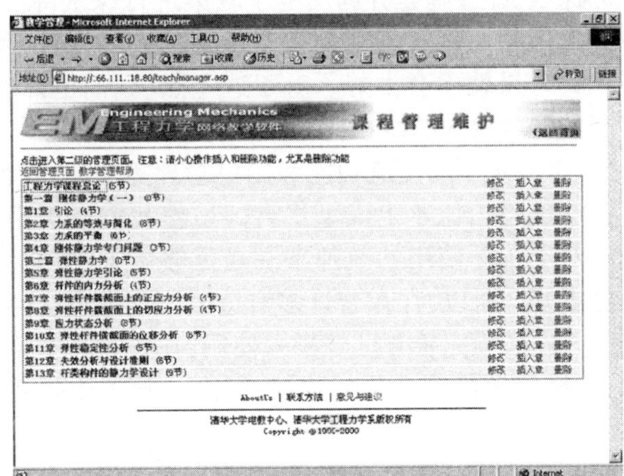

图 2-3　课程内容网络化管理工具

第二章

现代教学手段

(5)运作流程

系统的运作流程如下：

①系统的开发工作完成以后,其他工作全部移交给教师本人,由教师自己充当网络管理员和内容管理员。

②每一个学期刚开始时,教师首先通过用户管理功能导入、确定本学期所有学生名单,并赋予他们相应的权限。

③开始上课以前,学校把相关信息公布于网上。例如课程介绍、教师简介、学习方法建议、公告等。

④上课的时候,教师在课堂上可以适当调配讲课和讨论的时间。

⑤下课以后,教师就可以把当天的课堂教学内容总结后通过平台提供的著作功能将其变成网络化的内容进行发布,并可以不断地修改、管理这些教学页面。同时把相应的自测题内容通过管理工具发布至网上。

⑥依据课堂传授的内容,教师可以作为讨论区的管理员发起讨论并管理论坛文章。这一方面弥补了课堂讨论时间和普遍性的不足;另一方面,以网络作为交互的媒体在某种程度上更能激发学生的交流热情,多种交互手段的共同使用必然能增强交流的实际效率和学生的参与程度。

⑦学生有疑问时可以将问题通过答疑信箱发送给教师。

⑧学生可通过网上的自测题来检验自己的水平。

⑨另一方面,教师可以通过讨论区、自测题统计等各个方面的情况,深入了解学生对课程的掌握情况,及时调节讲课方式和内容。

3.经验总结

上面所介绍的这个小型网络辅助教学系统是基于学校的实际需要开发出来的,所以在满足特定需求上效果很好。但同时它也有不可避免的片面性和局限性。例如,为工程力学开发的针对教学页模板的著作工具非常适用于与此类似的课程,即教师充分利用电子教案进行课堂讲授,且教师的课堂语言价值较高的课程。而对于其他类型差别较大的课程,采用这种模板和相应的著作工具效果就不会太好。对于这一点,我们也许有必要深入分析各种不同类型的课堂教学的特点,设计出相应的模板和著作工具。

同时,对于这个系统中的交流功能和用户管理等功能,这种小型系统所能提供的广度和深度恐怕比不上大型平台。虽然我们以实用为开发原则,目前的这个版本对于实际使用的教师来说是足够用了,但如果能提供更多的可能性当然会更好。所以,存在着许多有待改进的地方。例如:清华大学学籍管理系统的开发较为完善并已经投入使用,在这个小型系统中,对用户的管理,可以与学校的学籍管理共享数据,提高教师工作效率,而且准确性大大提高。

关于这个问题学校从一开始就确定了原则:不选用大型统一的平台,要针对不同类型特点的课程开发不同应用方向的小型适用系统。随着时间的推移,大型平台的功能也许越来越能满足种种个性化的需求,而文中提到的这种小型系统的设计方式和应用方式也许会有新的发展。

二、多媒体教学

(一)国外研究型多媒体教学模式简介

这里选择具有代表性的美国做一下介绍。所谓"研究型多媒体教学"是采用多媒体教学技术支持的一种研究型课程模式。研究型课程在美国有着较长的历史,其中几经盛衰。为了便于叙述,这里将它简单地分为三个阶段。

第一阶段,研究型课程正式进入美国中小学,其中杜威的"做中学"项目是主要标志。

在这一过程中起重要作用的是杜威的"反省思维"理论。所谓"反省思维"是"对任何信念或假定的知识形式,根据支持它的基础和它趋于达到的进一步的结论而进行的积极的、坚持不懈的和仔细的考虑"。杜威认为反省思维源起于对"不确定"的困惑,"它包含这样一种有意识和自愿的努力,即在证据和理性的坚实基础上建立信念"、形成观点;典型的反省思维包含5个序列不固定的阶段或形态:问题、观察、假设、推理、检验,只有这种"严肃认真和连贯的"思维才能导致真正的知识。因此杜威提出反省的思维活动"必须成为一种教育目的",并倡导以"做中学"形式的作业单元通过一些典型的问题来组织教学,学生在自主解决这些问题的过程中进行探究、实验,整合和积累专门化的科学知识,精通实验探究和证明等科学研究的方法,从而培养反省思维;除了上述理论上的探索外,他还在芝加哥实验学校身体力行,竭力在中小学教学实践中推行其"做中学"项目。

由于这一时期美国的进步主义影响迅速扩大,这种影响在美国教育史上也同样有所体现。"做中学"项目形式的研究型课程由此正式进入美国中小学,并在进步主义的鼎盛时期一度十分活跃。如前所述,这类项目是围绕存在的"不确定"的问题和消除"不确定"的"探究"活动而展开的;因此,以能引起学生困惑的问题为核心的作业单元和以真实的探究为核心的"活动教学"是这种研究型课程的关键。杜威在《我们如何思维》中十分强调反省思维中系统研究方法的重要性,如:通过分析而消除可能使人误入歧途和不相关的因素;通过收集和比较数据而突出重要的因素;通过实验变化审慎地建立数据。但令人遗憾的是,对中小学的"做中学"项目如何采用系统的研究方法保证它具备某些专业探究的特性,杜威未能在芝加哥实验学校的实践中做出解答。随着"做中学"项目的泛滥,杜威的研究型课程逐渐蜕变为一些实用的职业、手艺课程或动手活动,研究型课程徒有其表,“探究”的精神内核丧失殆尽。这也许正是杜威的“做中学”项目遭受诸多指责并在进步主义衰落后江河日下的原因吧。

第二阶段,研究型课程再次兴起,其中布鲁纳倡导的发现学习是主要标志。

继杜威之后,布鲁纳提出了发现学习理论,再一次重申了杜威关于研究型课程的某些观点,并试图从操作程序上来规范杜威提出的研究型课程,他为实施研究型课程提供了一套可操作的教学程序,使之能在中小学中得以广泛地实施。

第三阶段,以电脑支持的问题求解和探究为主要标志,如:基于电脑的模拟和微世界项目。

这一全新的趋势最初与Logo计划密不可分。Logo计划的负责人佩帕特称其理论基础是从皮亚杰学派关于儿童的观点以及与有关思维的一般观点相联系的人工智能的观点中得来的,学生可以把程序看成是自己的科学理论,通过电脑工具在信息丰富的情境中展开、研究和验证自己的理论。可见它的哲学思想和方法与杜威、布鲁纳是一脉相承的。杜威等人的研究型课程虽然突破了将学生当作白纸或知识容器的传统观点,强调要让学习者通过“探究”主动思考,但如何保证探究中伴随着反省思维及如何促进这种思维却始终是他们未能解决的一个问题。由于缺少相应的外在工具显示、监控研究型课程中的反省思维,且无法用有效的科学方法来规范探究行为,以致前两阶段的研究型课程要么庸俗化、流于形式,要么则神秘化、缺乏操作性。Logo计划以及随之出现的将电脑用作学习工具的想法使数度步入困境的研究型课程柳暗花明,由此在现代信息技术背景下一种新的研究课程模式——研究型多媒体教学也就应运而生。

1.这一新兴教学模式的理论基础

研究型多媒体教学的理论基础来源于建构主义的认知工具理论。建构主义认为,学习是以思维为中介的,为了更直接地影响学习进程,应减少一直以来对传递技术的过分关注,从而更多地关心在完成不同任务中如何要求学习者思维的技术。认知工具理论就是在这种基础上应运而生的。按德利的定义,认知工具是支持、指导、扩展学习者思维过程的心理或计算装置。前者存在于学习者内部如学习者的认知、元认知策略;后者则是外部的,包括基于电脑的装置和环境;它们都是知识建构的助成工具。认知工具作为一种思维技术,它与传递技术的区别在于:(1)由学习者控制而不是由教师或技术控制;(2)用来促成学习者对所学领域努力思考、并达成一些在没有工具情况下难以形成的想法,而非用来简化信息加工或使任务相对更容易些。例如,作为一种传递技术的专家系统,它将专家的知识转变为一组可传递的、指导决策及问题解决的事实和规则,目的在于帮助学习者形成与专家类似的知识表征,但事实证明效果差强人意;而作为认知工具的专家系统则要求学习者分析知识库,在自行建立事实和规则库的基础上,构建自己的专家系统;为此学生必须界定陈述性知识和程序性知识,分析因果关系、构造逻辑规则库,并对结论进行解释。

从认知工具理论我们知道,借助于外部的认知工具可以使学习者的思维活动外化,有利于高级思维的教学监控;而同时合理设计和使用的外部认知工具能激活认知和元认知策略,从而促进反省思维。显然,新兴的多媒体教学技术提供的专业数据库软件、数据分析处理软件等可成为理想的认知工具。

2.这一新兴教学模式的主要特征

这一教学模式在建构主义认知工具理论基础之上,吸取了研究型课程发展三阶段中各种形态的合理因素,但又绝不只是它们的简单相加,其主要特征如下。

首先,以真正的科学研究活动为核心。作为一种教学模式,研究型多媒体教学要求学生承担研究任务,并从自己参与的研究中学习。所谓“自己参与”是相对传统教学中学生为旁观者的角色而言的——例如学生研究生活中的科学问题与他们阅读这些问题的材料、听有关讲座、完成操练作业是不同的;但是它并不等于学生必须动手操作,否则很可能陷入进步主义的“做中学”的泥潭。另外,科学研究还意味着用事实来支持观点、信念,传统的经验主义立场认为事实是自我表达的,这就很容易造成一种错觉即科学研究仅是通过观察和实验及其他途径积累信息;研究型多媒体教学主张用事实支持思想而非用事实来代替思想,其中研究者追踪自己的思路围绕问题搜集、整理信息展开,信息的针对性、连贯性和认识深度闪现的就是研究者思想的光芒。

其次,在实际的研究活动中自然地结合使用多媒体教学技术。真正的科研是一种具有很强针对性和连贯性的整体探究活动,指导这一过程整体性的就是连续的思考、通过演绎或推理对连续关系的揭示和强调,也即杜威所反复强调的反省思维。多媒体教学技术是随研究的展开、在连贯的研究活动中自然引入的,并且以不打断连贯的思考过程为前提。多媒体技术是研究的促进器而非负担,研究者追踪自己的思路对问题连续关系的探究行为不应因技术的引入而中断或转移。

再次,这一教学技术在研究型多媒体教学模式中只是一种工具。它的作用在于帮助学习者使研究的问题更明晰、使学习者的探究行为更易于发生,促进高级思维活动;作为认知工具,它还有这样一层含义:与所有其他工具一样,使用者借助它可更灵巧地工作,同时工具在熟练者手中会更有效。

进一步说就是,在这种采用技术支持的新型研究型课程中,技术之于课程仅限于其工具作用。

从当前的一些研究和教学实践中可以看出,成功地实施研究型多媒体教学的关键点在于:

第一,选择和确定适宜的研究主题。研究型多媒体教学涉及采用各种多媒体信息采集和处理工具支持研究,这一模式虽其本身与内容无关(content-independent),但是研究主题的选定必须满足一定的条件才能真正具有教育意义,杜威在《我们如何思维》中曾就作业单元的四个条件做过初步探讨。对研究型多媒体教学而言,适宜的主题首先必须是基于探究的、能自然地整合各种研究工具,此外它还必须具备下列条件:应满足学生的发展需要和兴趣所在,即对学生而言是有意义的;应足够宽泛以便学生能形成具体的个人(或小组)研究方向;应反映问题的社会和科学逻辑,使学生能从所学课程与研究主题之间的关联体验中学习。符合这些条件的研究主题往往是从核心课程的内容和目标中衍生出来的,与学生生活密切相关,具有一定挑战性且需要长时间集中精力工作的跨学科任务。

第二,确保研究的科学性。研究的科学性既反映在采用的方法上,也反映在从事研究的科学态度里,还反映在研究的最后"产品"——研究报告中,这就要求教师在学生研究方向确定后提供的一系列渐进的研究指导中把握好一个"度",即帮助学生采用类似专业研究人员的方法展开工作,而绝不越俎代庖,粗暴地干预学生自主探索的研究进程,不片面追求所谓"唯一正确"的结果而抹杀"求真"的科研精神。对一些以自然科学为主题的"硬科学"研究项目来说尤为如此,由于"硬科学"往往存在一个可预测的结论,教师不应将之强加给学生;相反,当预期的结果不能出现时,应引导学生反思以揭示某些看似微不足道的因素对最终结论的影响。而研究报告的"科学性"体现在:数据的可视化演示、对科技文献要点的关注、对不同发表形式(报告、口头演说、论文、电子发布)之间差异的关注、完整的研究文档。在这一教学模式的实施过程中,教师始终进行密切的教学监督,比如和学生就研究的问题、困难、解决办法、现有发现等进行讨论,使研究框架、要找的资源和术语明晰,帮助学生确定适当的研究策略模型;随着研究的演进,还应鼓励学生采用包括通用的应用软件,如数据采集软件、数据库软件、字处理软件、编程软件等科学的数据处理手段收集、分析数据,解释数据之间的关系,形成关于个人项目的一些观点,并最终撰写和提交较科学的研究报告。此外,研究的"科学性"并不是一个绝对的概念,可考虑随学生年龄、研究能力的递增逐渐降低研究项目中"趣味性""竞争性"等激励动机因素,逐渐向更严肃、更科学、更合乎专业研究人员工作方式的方向转变,从而逐步提升研究型多媒体教学具体方案的"科学性"。

第三,对学生进行使用各种多媒体信息工具的指导。比如:信息搜集工具(光盘、在线专业数据库、搜索引擎等)的使用方法、电脑建模方法、数据处理如最优化的编程方法智能模拟等。这种技术上的支持和指导是研究型多媒体教学的自然组成部分,随着研究的展开,学生必须借助相应的工具。教师既可采用集体讲授、班级练习的办法向全班引入某种新技术,也可在学生需要的时候提供个别化的辅导。总之,逐步培养学生成为更熟练的信息处理者。一些研究者还对技术指导提出了建议:循序渐进,在一个具体的研究项目中应避免出现过多的新技术,否则会导致学生有限的心理资源从研究主题分散,而过多地专注于技术;启用学生导师;考虑学生不同年龄阶段心理发展的特点,如低年级(尤其是五年级以下)的学生尽量采用光盘数据库,因为在线方式更可能使他们在浩瀚的信息中迷航。

最后,设定现实可行的任务目标。类似科学家的真实研究虽然能够促进学生的内在动机,但要在整个研究过程中始终保持动机和兴趣,对学生而言尚需要可为之奋斗的有形目标,如论文研讨会、研究成果展等;可能的话,应鼓励学生将其研究成果转换为可操作的实际解决方案。这些有形目标的设置对学生提出了明确的挑战,使他们负有责任感,在完成开放的研究项目过程中不致因失去方向而一无所获,因而有利于研究型课程的管理;另外,达到目标后的成功既是对学生最好的报偿和奖励,也是其最好的老师。

3.典型案例"Make It Happen!"是美国教育开发中心(Education Development Center)在历时五年研究基础上形成的一套基于多媒体教学技术的教学方案。它以"I-search"(我研究)为基本框架,整个教学过程包括四个主要的阶段:(1)首先,由教师确定 I-search 主题,进而引导学生进入主题,帮助学生建立背景知识,鼓励学生选择对个人有意义的研究方向;(2)学生(或学生小组)构建待研究问题的框架,制订搜集信息、构建知识的研究计划;(3)着手搜集信息,汇总所有有关信息,分析、处理信息;(4)形成 I-search 研究报告,并向他人报告自己的研究成果及收获。方案规定"I-search"必须是基于研究的主题单元,但对单元的具体主题它并没有作特别的限定。实施中要求师生尽可能结合适用的多媒体教学技术;由于研究主题往往是跨学科的,因此它还鼓励不同学科的教师组成团队对学生(或学生小组)进行指导、鼓励学生及学生小组间的合作。

新罕布什尔州一所采用这个方案进行教学的中学以该城镇的历史作为 I-search 的研究主题,学生通过课堂上使用教师自制的录像,查询商业电子数据光盘、在线专业电子数据库以及访问博物馆、采访相关人士等走出课堂深入社区的方式,从各个方面搜集有关自己生活的小镇的历史,围绕自己的兴趣确定研究的方向。在整个 I-search 研究计划中,教师要求学生使用字处理软件、图形软件等工具记录、整理从社区搜集到的信息,拷贝、编辑电子资源库中相关的信息,利用数据库程序对所有这些信息进行整理,建立相关问题的个人研究数据库,并在这些信息的基础上撰写“基于事实支持的”小镇历史研究报告;同时,还鼓励学生合作进行调研,通过电子邮件与专业历史研究人员建立联系。总之,学生在教师指导下采用与历史学专业人员相同的方法研究个人感兴趣的、对自己有意义的问题,研究涉及小镇的政治、经济、文化、科学甚至家族史等各个方面,学生可就重大历史事件对小镇历史进程的影响提出自己的见解;研究完成后除了向论文报告会提交研究报告外,学生个人或小组还需以电子文档或张贴等有形形式将各自的“研究成果”展示一段时间,此外教师还可向有关学术机构或当地博物馆推荐有价值的学生论文。

4.这一教学模式的实践及前景

实践表明,这一教学模式取得了很好的效果。比如,它特有的真实研究的性质——研究者的身份、更专业的工作形式等明显地提高了学生的学习动机以及学生的电脑技能,但最重要的还在于它促进了高级思维技能。长期以来美国中小学主要用多媒体教学技术帮助后进进行基本技能的训练,实践表明,研究型多媒体教学同样利于后进生高级思维技能的发展。此外研究型多媒体教学还获得了一些附带效应,如学生通过对信息进行积极、深入的加工,加深了对所学知识的理解和记忆,一些学生还意识到学习是追求知识而不是在考试中展示其掌握程度,意识到是学习本身而非评分等级才是教学的终极目标,对学习有了更深刻的认识。

问题分析:研究型多媒体教学模式面临的问题主要集中在以下三个方面。第一,研究型多媒体教学无法回避布鲁纳发现教学所面临的指责。教育既然承担着人类社会生活延续和交流的功能,那么就不应该寄希望于通过研究型课程学习全部人类文化遗产。因此核心课程采用这种教学模式如何与传统教学穿插进行是必须解决的问题。第二,与结构化教学不同的是,研究型多媒体教学不可能完全在教师的控制之下。由于研究主题多数与学生密切相关,研究过程的演进往往无法预料,教师不仅要提供技术上的支持,还要帮助学生克服随时可能遇到的困难,因而对教师提出了更高的要求。第三,研究型多媒体教学对课程设计提出了一些新的问题,例如:如何巧妙地设计课程使之既具有智力上的挑战性、不超出学生能力发展范围,又能渐次引入多媒体教学技术;如何保证各研究项目按一定的序列前后承接、具有发展性等。

除了一般的采用电子数据库等资源进行文献研究以外,研究型多媒体教学还包括实验研究、优化研究、模拟研究等,例如有一种基于计算机的实验室(Microcomputer-Based Laboratory)能为学生提供真实而精确的测量工具。从美国中小学的教学实践来看,研究型多媒体教学代表了现代信息技术背景下研究型课程发展的一种新趋势，并且得到了越来越多的响应。之所以会如此，固然应归功于新兴的多媒体教学技术；同时还得益于教育界对研究型课程有了更多的准备——对早期研究型课程来说，教学机器面对的“文化惰性”同样存在，而时至今日，美国已形成了不同于其他国家的注重“同当代生活联系，并充分考虑学生背景、层次和兴趣”的课程体系。此外，校本课程的兴起也在一定程度上起了推波助澜的作用。研究型多媒体教学为学校选定研究主题、组织教学留有极大的自由度，不失为发展校本课程的一种较好形式。这些因素都有利于研究型多媒体教学的进一步繁荣。

（二）多媒体教学信息的应用

现代教学手段要发挥作用，必须借助现代化的教学环境。多媒体课堂教学环境正是为了实现多媒体课堂教学而设置的。所谓多媒体课堂教学的具体环境是指配有录音、录像、电脑等硬件设施的专用教室。20 世纪 90 年代中期，电脑的迅速发展使多媒体课堂教学的环境有了突破性的改观，形成了以电脑为主体设施的多功能教室。到了 21 世纪的今天，电脑网络化教学又以其更深、更广的施教面，影响着整个教学过程。

电脑网络教学的迅速发展，给多媒体课件的研制创造了机会，为多媒体技术在教学信息传播中的应用提供了广阔的发展空间。电脑多媒体技术作为现代化教学的一种必然手段，促使教师根据教学内容设计教学规划，并在多媒体教学信息作用下有效进行施教，使学生在多媒体教学信息作用下有效地学习，帮助学生取得较为理想的学习效果。

1.教学信息化的流势

如果我们把信息流通状态用符号、图形表示出来，把 A 定为传者送出的信息，把 B 定为受者接收的信息，把 M 定为信息流通过程中 A、B 同时作用的分享信息：AMB，那么，当传者 A 和受者 B 两圆完全重叠时，就可以达到彻底“通”的境界，即信息的等势流通状态。

再深一步分析一下这种现象，我们还可以把受者接收的信息 B 与传者传出的信息 A 有部分重叠的状态定义为信息的差势流通。而当传者完全不去考虑受者的需求，只按照单方面的意志来进行“灌输”，那么，A、B 相通部分等于零。这时信息的流通状态应定为信息的零势流通。

国际上，有些学者把人际信息流通定义为人与人“面对面的信息交流活动”。而随着信息传播手段的现代化，人际间非面对面的交互行为将占有越来越重要的地位。

例如，某学校根据教学需要研制成功了一套《野外生存》电脑多媒体教学课件。根据《野外生存》这门新开课程的特点，该课件设计了教学方案、生存训练、有问有答等 5 大模块，每一个模块下又有 5~6 个子模块对其支持。

该课件以多媒体图、文、声、画并举的强大优势,将《野外生存》课程内容予以了充分展示。由于电脑多媒体超大容量的信息储存特性,学生可以在极其丰富的知识宝库中取其所需,用其所有,并利用电脑多媒体技术的非线性功能,随时搜寻自己所需的信息,随意调看任何一个模块中的任一章节而不受编排程序的限制。

在研制和使用电脑多媒体教学课件的过程中,我们要注意处理好电脑、教师和学生各自所起的作用和所承担的角色。电脑应承担一些文字诠释、图形图像的展示、存储记忆以及检索、查询、测试等方面的职责;教师则应从大量烦琐、重复的备课、整理讲稿中解放出来,把更多的时间和精力投入到了解学生的内在思维活动、充分发挥创造性的教学设计上来;而学生则应以一种更积极主动的方式去学习和思考更多更有意义的东西。

2.教学信息的发展趋势

在电脑多媒体教学系统中,实现信息流通的双向性有助于使学生成为教学的主体。对信息的非线性、可选取性又使教师、学生能够根据各自的需求,快速灵活地选取信息。

电脑多媒体技术在教学中的推广和应用,使电脑多媒体与教师、学生共同形成了一个动态传播环境。在这种环境中,学生上课不再是被动地听讲,而是主动与电脑交流;教师则利用电脑多媒体教学课件,对学生个别或多个、多组进行指导。由于电脑程序的可重复性,学生在学习时便可以反复使用,不用担心时间问题或有所遗漏。使用多媒体教学课件的优势在于,学生通过思考,可以进一步加深对所学知识点的理解和巩固,并随时向电脑发问,根据解答检验自己掌握知识的程度。而教师在借助电脑多媒体教学课件对学生进行指导的同时,也可以准确掌握学生的学习进度,制订下一步学习指导计划。

一般情况下,由于学生的知识水平、理解能力等方面存在差异,在同一教学环境下,他们接受知识信息的能力也各有不同。这就使教学信息流通的信息反馈显得格外重要。如果没有信息的及时反馈,电脑多媒体技术的交互功能将无从谈起。为此,在研制《野外生存》电脑多媒体课件的过程中,我们将编程的重点放在研究教师如何“教”上来;由让电脑对学生的学习过程完全控制的思想,转变为将电脑作为促进和提高学生思考及建构知识的认知工具;由追求传统意义上的大而全智能教学系统,转移到追求发挥学习积极主动性的交互式学习环境上来。在电脑多媒体跳跃式的非线性教学系统支持下,学生有身陷困境的感觉,而思辨性较强的设问和解答可促使学生以试探的方式去思考。当学生解决了一个模拟的野外生存困境时,显示屏上会出现相应的提示,激发学生对新概念、新知识的兴趣,由此初步实现了电脑多媒体教学环境下交互式信息流通的良性循环。

毫无疑问,利用电脑多媒体教学环境,教师可以更加有效地对学生进行指导。不同于传统教学法,一名教师在课堂上既可以解答单个学生的问题,也可以同时对几个、几组学生进行辅导。例如,在《野外生存》多媒体教学课件的教学实践中,假如教师发现某个学生对野外生存的内容不太清楚,便可以对该学生进行单独辅导,指导他打开第二模块,再点击第四子模块——教学安排和第五子模块——教学实施,让野外生存的教学内容逐一向学生展开。与此同时,如果有几个或更多的学生还有疑问需要解答,教师仍可以借助多媒体教学课件,指导学生浏览各相关模块以及"有问有答"部分。在这样的教学环境里,信息流向同时具备点对点的信息流向和点对面的信息流向,这种信息流通的双向性给教师提供了更宽的指导层面和更准确的指导方向。

3.教学信息的流量

在信息化高度发展的今天,人无时无刻不在接受外界的信息刺激。对信息刺激选择的反应,就是对信息的注意。一组丝毫不能引起受众注意的信息,它的流量也就无从谈起。传者传出的信息要想顺利通过受者"注意"这一关,就必须提高自己的竞争力,而影响信息竞争力的主要因素就是结构性因素和功能性因素。

还是以上面提到的《野外生存》多媒体教学课件为例,在每一个模块中都配有野外实践生存训练项目的图片和视频图像。这些图文并茂、声画一体的信息,增加了对学生感官的刺激强度;色彩丰富的图片、极具动感的视频画面,表现了信息刺激的对比度;任一图、文、声信号的非线性重现体现了信息刺激的重复率;巧妙的图文声搭配使信息刺激具有新鲜感。这几项信息刺激的强度、对比度、重复率和新鲜度就是所谓的结构性因素。

影响信息竞争力的另一个重要因素——功能性因素则是由延缓性因素和即时性因素组成。从心理学的角度来看,延缓性因素涉及一个人的理念和价值观,比如对野外生存活动意义何在及其文化内涵的理解;即时性因素包括的是一个人的需求、情绪和精神状态,比如参加野外生存活动的目的。延缓性因素和即时性因素总是交织在一起作用于信息接受者的选择性注意。多媒体教学课件《野外生存》偏重的多选择性,无疑会增加学生对该教学信息的注意,以便使学生尽可能多地感知和接受被传递的信息。

除了选择性注意以外,多媒体教学信息在流通过程中还有一个选择性理解的问题。如果不加以注意,人们往往就会陷入误区,认为只要信息一旦传出,就必定会受到注意,并且必定会按传者的意思为受者所理解。事实上,运用多媒体技术对教学信息的选择性注意的流通还不能算是真正的流通。只有当实现了选择性理解的流通,才能达到真正意义上的流通。如在《野外生存》多媒体教学课件的第五模块中,通过图文展示以及专家访谈使学生注意到开设《野外生存》课程的主要意义是提高青少年的综合素质。但仅仅是让学生注意到该课程的这一意义还不能说达到了教学目的。只有当用视频显示青少年在独立应付突发事件中表现出无助、失控、力不从心的情景时,学生才会理解素质教育的内涵和人格教育的必要性,理解具有健康人格的人应该在拥有身体健康的同时,还拥有一种不懈追求、顽强奋进的人生态度。课件《野外生存》此时才算真正完成了教学信息流通的使命。

多媒体教学信息流通的量,还应该与信息测度有关。所谓信息测度,是指从信息量与不确定的关系上来精确地刻画信息。信息量是客观存在的,这与不确定性的消除程度有关。若引入信息流通过程,信息量可以直观地定义为:学生获取某一知识内容的信息数量;获取该知识内容前对该知识内容了解的不确定性;获取该知识内容后对该知识内容了解的不确定性;不确定性减少的量。

对“不确定性”的概念用数学语言来表示,就是“随机性”。信息量与传者所传知识内容的不确定性有关,而传者所传知识内容的不确定性又与知识内容的准确度有关。在《野外生存》多媒体教学课件的第四模块中,若提问野外生存有哪些训练项目,学生一般用不通过教学课件的信息交流就可猜到,生存训练大概不外乎有攀岩、速滑、涉河等几个项目。打开下一级目录,经查验可知,野外生存课程的主要训练项目确实是攀岩、速滑、涉河。因此,按照信息量理论的说法,在这一信息流通过程中,人们对某一知识接触得越多,对它猜测的准确率越大,不确定性就越小,因而消除不确定性后所获取的信息量也越小。相反,对于某一知识内容预先猜测的准确率越小,不确定性也就越大。而一旦消除了不确定性后,所获得的信息量也越大。比如,若提问“野外生存训练项目中的基地式是什么意思?”对这样的问题,学生的猜测就没有太大的把握。正因为学生猜测“什么是基地式”的难度很大,所以信息的不确定性就大,一旦消除不确定性后所获得的信息量也就越大。在教学过程中,教师传出的和学生接受的有效信息量越大,学生清除的不确定性就越大,学生清除的不确定性越大,教学效果就越好。

上面所提到的《野外生存》多媒体教学课件在研制过程中,研制者分别利用了 Flash5.5 和 Author ware5.5.CAI 软件的主要软件平台,制造眩目的动画效果;利用 3Dmax2.5、Cool Edit 进行动画制作和音乐效果编辑;利用蒙泰瑶光多媒体编著系统进行多媒体集成。在这些软件支持下制作的图、文、声效果,极大地丰富了每一屏画面传递出的信息量,使单位时间内语法信息量和语义信息量大为增加。例如,解释什么是“攀岩”,按照传统式教学法,教师先得讲清定义,再画示意图,最后作示范。利用多媒体教学课件理解攀岩,学生接触到的是集图形、图像、文字、解说于一体的多媒体图像。这种图、文、声并茂的效果,无疑能使学生在单位时间内获得的信息量成倍增长,从而加大了多媒体教学环境中教学信息的流通量。

4.教学信息的流通速度

在物理学领域中，解决流质的流通速度问题已经不是什么问题。但是，信息学领域里对于信息流通的速度问题，就有了相当的难度。这是因为信息既不是物质，也不是能量。如果生硬地借用物理学中流质的流速来分析信息的流速会使该问题有悖于逻辑。由于信息科学的前沿性，信息流速方面的研究也还没有一个成熟的结果。因此，本书在此只能提出一点儿不成熟的看法，并做一些理论上的探讨。

所谓信息传播的流通速度，就是在单位时间内，由传者所付出的信息量大小的问题。在教学实践中，特别是在多媒体教学环境下，可以用多媒体教学课件总的语词数、图形数以及声画出屏时间的长短来衡量信息量的大小。所以，加大信息传播的速度就是在学生可接受的前提下，每单位时间内尽量多地传播信息内容。也就是说，在多媒体教学环境下，单位时间内流通的信息量与信息流通的速度之间，在一般情况下成正比，即单位时间内流通的信息量越大，信息流通的速度也就越快。因此，加大信息量的流通无疑会有效地提高信息流通的速度。

但是，为了研究多媒体教学环境下的信息流通速度问题，就不得不考虑在课堂上教师对教学信息流通量的控制能力和学生对信息的接受能力。同一个班的学生，接受知识信息的能力和理解、消化知识信息的能力各有不同。如果忽略了学生群体中各自的特点而一味加大知识信息的流通量，就谈不上什么速度了，而且还会与加快信息流通速度的愿望适得其反。应该说，只有当传递出的信息量大小与学生接受信息的能力达到大致平衡的时候，信息流通量与速度才成正比。

运用电脑多媒体教学课件进行教学实践，不仅促进了教学模式的改变，而且使信息流速加快。多媒体教学课件在知识结构上是按讲授者的讲授思路组织的。课件中的内容大都由教师的讲授提纲、重点组成，这些内容既可以声、画、文并举的形式依次出屏展现，也可任意抽调使用而不受编程顺序的限制。另外，多媒体教学课件操作便捷的功能优势，使老师有目的控制信息发布的速度这一设想成为可能。作为教师不必向学生通篇宣讲课程的内容，而只需要对学生作一些启发性的指导，课件基本上以文本、图像、声音、动画、视频等多媒体的形式生动展示教学内容，加上从该课件中搜寻、获取信息的方便快捷，因此，在多媒体教学环境下，教学内容的传播速度较之传统的教学方式就有了极大也改善。

通过上述内容的介绍，我们可以知道，利用电脑多媒体课件中系统的动画、声音、图像来表述知识点，不仅直观而且生动，电脑多媒体教学课件除了能顺序播放由外部程序制作好的内容、通过程序控制模块内容外，还可以通过程序控制模块的移动方向和速度控制其清晰度和分辨率,信息流通的效果也因此大为改观。

在信息化高度发展的今天,由于电脑多媒体技术的有力推动,各类学科信息包括人文学科信息逐渐变得适合于用电脑进行加工、处理。电脑多媒体教学课件可将一些学科的典型图像,经数字化输入电脑,处理后再附以专业知识和专家结论,编程后形成交互式的由图像、声音、文字、动画表现的多媒体信息资料。这些多媒体信息资料一旦完善,并以一定形式的知识共享,对未来的远程教育将起到难以估量的推动作用,也将使后来的学习者和研究者永久受益。

(三)现代教学媒体在课堂教学中的应用

我们先来介绍一个名词:绩效。绩效一词来源于英文中的 Performance,原意是性能、能力、成绩、工作成果等。在西方心理学中绩效则是指与内在心理相对的外部行为表现。近年来,经济管理领域中广泛采用绩效这一概念表示工作业绩、效益,它包括完成工作的数量、质量、经济效益和社会效益。在教育领域,人们也在各种场合谈论教育绩效,然而对于教育绩效究竟指什么,目前还没有一个完整清晰的认识。将企业绩效引入到课堂教学,更是一种全新的尝试,与教学设计相比,它的视角要广阔,不仅仅要考虑教学内部的诸多因素,还受若干课堂动态发展因素的影响。本文试图从绩效的角度分析课堂教学中运用现代教学媒体提高教学绩效的一些因素,使得教学过程最优化的思想成为操作层面上的现实。

著名教育学家巴班斯基提出的教学过程最优化的理论,作为一种理性思考,已得到教育界广泛认同,作为一种倡导,也得到了教育研究工作者的首肯,然而教学过程是一个非常复杂的系统,影响系统运作的因素很多。此外,由于缺乏功能强大的操作性界面支持,在实际教学过程中往往会出现目标偏离和过程失控的情形。本文试图对现代教学媒体与课堂教学以绩效的形式加以界定,并通过分析影响现代教学媒体在课堂教学应用绩效的主要因素来解决上述问题。

所谓现代教学媒体在课堂教学中的应用绩效,指的是在现代教育思想的指导下,教师在课堂教学中,根据教学目标、教师因素、学生特性、课堂教学管理等方面的因素,运用教学媒体实施课堂教学的成就和结果。从我们给出的定义中,可以看出影响课堂教学效果的主要因素有以下四点:

1.教学目标

教学目标是进行教学活动的出发点,是教学过程的导航灯,同时它也是评价教学效果的依据。教学目标具有较强的针对性,它为教学过程中教师、学生和媒体的相互作用规定了明确的要求。因此,课堂教学中选择什么教学媒体和使用什么教学策略,都必须围绕教学目标来确定。

由于各门学科的性质彼此各不相同,导致了教学目标和教学内容也不相同;即使是同一学科,每一堂课的教学目标和教学内容也各有差异。教师围绕教学目标选择使用现代教学媒体时,应注意所选的媒体是否适合表现相应的学科、教学内容。比如外语教学中,为提高学生的听力水平,可以选用动态的影视媒体进行情景教学。因此,根据教学内容、教学目标正确地选择媒体,是提高现代教学媒体在课堂应用绩效的首要因素。

2.教师方面

现代教学媒体的推广,需要教师从自身出发。首先,应具备现代教育技术观念,将应用现代教育技术放到实施素质教育的大背景中去思考,使教师认识到应用现代教育技术不仅是教学手段的变革,而且涉及教育思想、教育观念、教学模式、教学策略、教学方法等方面的变革。因此教师必须具备先进的教育观念,使应用现代教育技术沿着正确的方向发展,否则,即使教育设备再现代化,教育技术再先进,仍然会使教学效果穿新鞋走老路,不能起到应有的作用。其次,教师要实现运用现代教学媒体使课堂教学达到最佳效果,就必须充分了解各现代教学媒体的特性,同时还应具备熟练操作各教学媒体的能力。在课堂教学中,教师对自己选择和确定的教学媒体必须熟悉其内容、特性和技术操作要领,才能保证课堂教学时正常演示。如果教师不能正确使用和维护现代教学媒体,往往会因操作不当等原因而影响教学过程,对课堂教学形成干扰,反而会降低教学效果,因此教师的媒体操控能力也是影响现代教学媒体在课堂应用绩效的直接因素。

3.学生特性

在现代课堂教学中,学生不但是学习的主体,更是教学的主导者。所以,教师在运用现代教学媒体进行课堂教学时,必须重视学生的主体地位。学生特性包括学生生理特性和认识结构特性、学习风格等,因此为了保证课堂教学的高效,学生特征不能忽视,以学习主体为本,使教学媒体的绩效最终服务于学生认知能力的发展。

4.课堂教学管理

所谓课堂教学管理指的是课堂教学过程中现代教学媒体组合、呈现的时机、与学生实时反馈互动等课堂动态发生的一切教学事件。课堂教学管理是课堂应用现代教学媒体绩效性的最直接因素。正确的媒体组合是课堂教学高效的充分条件,掌握媒体呈现的时机是高效的辅助条件,课堂上与学生主体实施互动反馈是课堂教学高效追求的目的,只有学生积极主动地参与教学,才能更好地完成教学任务,现代教学媒体的绩效才可以说在课堂上得到了充分体现与实施。

要想提高课堂教学中现代教学媒体的应用绩效,可以采取以下策略。

(1)目标性策略

所谓目标性策略,是指依据课堂教学目标和教学内容选择现代教学媒体,比如一堂语文课,如果教学目标是着重培养学生的听说能力,就应考虑选用录音媒体;要是教学目标是通过看图让学生造句或作文,提高观察能力,那就应选择投影或幻灯。不管选用哪种教学媒体,都是为达到课堂教学目标服务的,都是服从于教学任务这个大局,决不能想用哪种媒体就用哪种媒体。

(2)课堂教学中现代化教学媒体的优化组合

多媒体组合教学的实践证明,围绕着教学目标选择教学媒体时,必须根据不同媒体的功能特性,充分发挥各种教学媒体的特长,选择使用最能表现相应教学内容的媒体种类,同时还要对多种媒体进行优化组合。

①多种感觉器官协调配合。这是根据媒体的功能和属性去组合媒体的重要原则。教育心理学研究表明,在人类的5种感官学习中,视觉、听觉的学习最重要(分别占83%和11%),而视觉、听觉组合对知识的记忆率远远高于视觉、听觉分别记忆之和,可见调动多感官学习意义很大。

科学家对人脑功能的研究还显示,单一持续的刺激会诱导抑制效应,大脑迅速出现疲劳现象;而多种感官的交替刺激(如讲解20分钟,看录像5分钟,再演示实验,等等),则可充分调动大脑的功能,使之处于兴奋激活状态,提高学习效率。

所以,实现多种教学媒体的优化组合,应该根据多感官的配合原则来设计,使之协调统一,交替轮换,相互补充。如视觉媒体与听觉媒体的组合、视听媒体与实物媒体的组合、传统媒体与交互电脑媒体的组合等,但并不是说媒体用得越多就越好,还要考虑教师的操控能力、学生的注意接受能力,因此在考虑多感官媒体组合时,还要注意媒体运用的适度性。

②传输大量信息。现代教学媒体彼此之间的优化组合必须有利于增加教学信息量,这是现代教学媒体内容组合的基本原则。如果被组合的两个媒体的教学信息是等值的,就不应将之组合在一起使用。一般来说,把在信息表达特性方面互补的媒体组合在一起应用,可提高教学信息量。

③适度性策略。在教学过程中,教师应尽可能适当根据教学需要多采用些教学媒体,因为多种媒体传递的教学信息量,一般会比只用一种媒体传递的教学信息量要大,但这并不是说媒体用得越多越好,因为课堂信息量大了,还要考虑学生能不能接受,如果不能接受,再多的信息又有什么用呢?于是在实施本课题实验时,我们采用了适度性策略,不该放录音就一定不放录音,不该放录像就坚决不放录像。

④易实现性。一般情况下,各媒体的组合不应该过于复杂,而以简洁实用、少而精、省时省力、易于操控为佳。要讲究教育经济学原理,以较小的代

价取得较大的效果。如优质的幻灯片或采用印染法制作的彩色投影片,在很大程度上能代替动态结构教学中的录像材料,且课堂教学中使用方便。比如投影与幻灯的组合使用,作为主要的教学媒体,简便实用、价廉,便于教师操作实现。

(3)教学媒体的呈现要选择适当的时机

在课堂上,教学媒体的呈现要根据学生在学习过程中显示出的心理状态来加以把握。其次,要在教学进程中把握媒体呈现的最佳时机。

教师在课堂教学中,使用现代教学媒体还应该把握适当的时机。现代教学媒体的使用时机主要是根据教学内容的需要和学生的心理状态来确定。使用时机把握得当,就能调动学生的兴趣,集中学生的注意力,增强课堂教学的效果。一般情况下,现代教学媒体的应用时机有以下几种方式。①讲前先示。这主要是让学生通过感知,了解思路,形成整体印象;或是为了设疑引趣,创设情景,引发学习动机。②难时出示。这主要是利用电教媒体形象、直观、生动或者易于表现运动过程的特点,来帮助学生释疑解难。③讲后再示。这主要是利用电教媒体进行概括总结,帮助学生加深印象,提高认识,巩固记忆。

(4)课后及时获取学生的反馈

及时获取学生的反馈,并进行反思是课堂教学结构中不可缺少的部分,是检测学习效果、了解学习动态的重要途径,也是体现以学生为中心,发挥学生主体作用的重要方法。提高现代教育技术应用教学效果,必须通过多种途径和多种形式建立最佳反馈渠道,既要让学生及时准确地获取反馈信息,以便将更多的知识内化为自身素质,又能使教师及时了解学生的学习态度,智力因素及非智力因素发展程度,以便调整自己的教学方式和策略。

在课堂教学中合理应用现代教学媒体,使得教师对课堂教学管理增加了一个维度,运用现代教学媒体进行教学是一个由教师、学生、教学内容和现代教学媒体组成的教学管理系统,比传统意义上的教学系统要复杂,那么在运用现代教学媒体提高课堂教学绩效实施时,需要注意以下几点:

首先,影响课堂教学效果的因素是多方面的。教师、学习者、媒体特性、课堂管理只是其中一些主要因素,课堂教学是一个动态的教学过程,随机出现的教学事件很多,因此在课堂实施教学管理中,应注意调整各影响因素的关系。

其次,教学策略虽好,但每一种教学策略都有一定的适用范围,不能一味模仿别人。在了解教学目的、教学内容的同时,注意所选择的教学媒体适用于哪类年龄层的学生,教师还要根据自身特点,设计选择出适合自己个性特点的有效教学策略,尽可能发挥自身的优势,弥补自己的不足,才能取得好的教学效果。

最后，教师需要做好课后教学效果分析和评价。创设一个批判和支持的评价环境，在这个环境中可以通过课堂随时记录的方式，比如对课堂实施跟踪监控；课后采取与学生对话，反思学生的课堂需求；等等。通过这些记录，不断调整课堂教学管理内容，为下一次的课堂教学做准备。只有不断地自我评价、重新调整才能使追求最优化教学过程的思想成为具有可操作性的现实。

三、现代教育技术要求教师更新教育观念

（一）现代教育技术的发展引起的变化

以电脑为核心的现代信息技术在教育领域的广泛应用，为教育的改革和发展带来了新的契机和活力，引发了人们对现代教育技术应用前景的种种推测和遐想：随着现代技术的进一步发展和完善，现代教育技术将使教育实现信息化；现代教育技术的强大功能，将使教育的许多理念和设想得以实施，引发学校教育的一系列变革；预先知道现代教育技术可能带来的教育变革前景，可以使教师们预感到教育的未来挑战，从而形成革新教育现实的张力；通过学习和运用现代教育技术，认识其强大功能，可以引发教师们对现代教育技术运用前景的美好设想，预感到现代教育的发展趋势，形成对现有教育观念的冲击，引发教育思想观念的变革；既然现代信息技术能对社会的方方面面发生影响，那么肯定也能运用于对人的思想观念的改造与革新，利用现代教育技术的手段，能促进教师教育观念的更新。

（二）存在的问题与解决方案

1.现代教育技术的出现能不能带动教育的发展

有关部门怎样通过行之有效的手段加快更新教师观念的步伐，已经成为素质教育实施过程中迫切需要解决的问题。当我们联想到现代教育技术的广泛应用前景时，自然而然地会想到它在更新教师教育观念中的用处，甚至有人把现代教育技术的学习和运用作为教师继续教育的突破口而加以关注。那么，现代教育技术能在教师教育观念的变革中发挥重要作用吗？能不能让教师在学习现代教育技术的同时，也发生教育思想观念的转化呢？这实质上涉及现代教育技术培训的“一带二便”问题。所谓“一带二便”，就是通过对教师进行现代教育技术的培训，发挥现代教育技术的强大功能，运用现代教育技术的思想方法，使教师在掌握现代教育技术手段的同时，形成对现代教育改革与发展的新的思想和理念，从而使技术的培训同时成为更新教师教育观念的操练手段和过程。显然，这是一个需要进行实证研究的

问题。

2.研究的思路与方案

(1)研究假设

①对于一位教师来说,是否学习现代教育技术在教育观念上是不一样的;②就不同的教师来讲,假如原有的教育观念相同,那么学习与不学习现代教育技术在教育观念上会不一样;③教师对现代教育技术的认识越深刻,就意味着他们对现代教育的认识也越深刻,在教育观念上也会发生新的变化。

(2)明确研究过程中的困难

在运用统计测量方法的过程中我们应该注意:①教师的教育观念很难用问卷来加以测定,在有备选答案的情况下,教师们答的往往和想的并不是同一回事,更与做的有很大差距,系统误差难以消除;②很难找到两个在原有教育观念上完全相同的群体,起点不同,难以比较,样本选择比较困难;③影响教师教育观念的因素非常复杂,相关变量难以控制。

(3)个案研究与典型案例分析

由于个案研究在涉及人的内心思想变化过程研究中具有自身独特的优势,我们可以选择一位对现代教育技术有一定应用和研究的中专教师,对他进行个案分析,采用正式的和非正式的访谈,以透视他内心世界的变化历程。

在个案调查有了初步的进展,取得初步研究结论之后,从实证研究的角度看,单个个体的研究显得过于单薄,我们可以试图寻找一个教育观念有明显变化的教师学习和运用现代教育技术的典型案例加以解剖,以起到互补的作用,这就是英特尔“未来教育”培训。

(三)研究的过程与结果

1.单个个案分析

这里选取的调查对象是一位在中专任教的男教师,46 岁,从事文科教学工作,由于毕业于物理本科,1999 年学校安排其从事现代教育技术的教学与管理工作。迫于工作的需要,该教师开始学习和钻研现代教育技术,并发表了一篇有关教师学习现代教育技术的论文,自称“通过现代教育技术的学习和运用,自己在教育思想观念上发生了很大的变化”。下面是笔者与他的一次谈话:

问:刚才您说学习了现代教育技术,自己的教育思想观念发生了很大变化,能否举几个例子?

答:最明显的例子是,我以前以为,教给学生有用的知识是教师最大的责任,所以我尽可能地利用 45 分钟的课堂教学时间,拼命地向学生灌输知识,并要他们花大力气理解并记住所谓的基础知识。现在看来,随着信息技术的发展,以后学生获取知识将会越来越方便,与其教给学生知识,还不如教给学生获取知识的方法,即让学生学会学习比教给知识更重要。显然,以前(对此)没有深刻的体会。

问:还有什么例子可以说明吗?

答:我以前对师生关系中学生主体的理解是,学生是一个人,应该尊重他们,并发挥他们在学习过程中的积极主动性。但学生要发展,更多的还是要靠教师的管教,教师只有通过多布置作业,多补课,多去教室走走,才能促使学生在学习上多花时间。一句话,学生是主体,但学生是不自觉的,需要教师多加督促才能发展。现在觉得这种对"主体性"的理解是有问题的,在对学生的态度上更多地会倾向于"不自觉性"的一面,其结果是管教过严过死,使学生更缺乏主动性和创造性,而这与信息时代所要求的人才培养目标相违背。其实现代教育技术的发展为学生提供了更多主动学习的空间,在多媒体网络教室中,没有高高在上的信息主宰者,没有独一无二的非接受不可的权威,网上没有垄断性的教师和领导,每个人都有发表自己见解的平等权利,学生是学习真正的主人。

问:您能否说明这些思想观念的变化主要来自于对现代教育技术的学习和钻研?

答:当然不排除其他因素的影响,但我认为主要来自于对现代教育技术的学习和钻研。过去我也学理论,一是我从来没有像今天这样积极,二是收获似乎并不很大。但自从学习现代教育技术以后,我发现现代教育技术有着广泛的应用前景,使我对未来教育的发展趋势有了一定的把握,对技术所带来的影响有了更深刻的认识。在现代教育技术的学习过程中,使我有机会接触到现代教育的先进思想和理念,教学设计的原理和方法,建构主义的思想和理论,等等。这些对我原有的教育观念产生很大的冲击,使我感到了自己在思想观念上的落后,从而使我更加关注教育的改革和发展。

确实,以前几乎从未发表过文章的该教师近两年来陆续发表了多篇有关课堂教学方面的文章,而且观点都比较新颖。据此,我们认为,该教师近两年来在教育思想观念上确实发生了变化,而且这种变化很大程度上得益于他对现代教育技术的学习和钻研。

2.典型案例分析

这里所举的例子是一项名为教师"未来教育"培训(Teach to the Future)的项目。是英特尔公司为支持电脑技术在课堂上的有效利用而推出的一个全球性师资培训项目。该培训要求每一位学科教师(同时作为学生)都要学会运用信息技术和资源进行教学和学习,整个培训都基于微软公司的Office软件套件,主要有Word(文字处理软件)、IE(因特网浏览器)、PowerPoint(多媒体制作软件)和FrontPage(网页设计软件),此外还有中国大百科全书等资料光盘。学员48小时的培训时间都在用信息技术和信息资源,进行自我介绍、合作学习、制订为实施研究性课程使用的单元计划以及收集资料、制作多媒体电子作品、制作网站等。综观整个培训过程,学员体验的是现代信息技术广泛运用于教育以后学习和教学的情境("未来教育"的情境),所使用的工具就是现代信息技术。教师"未来教育"培训实际上是一种基于开放性资源的,把研究性课程的学习放在信息技术平台上的全新培训模式。

下面是一位曾经接受过"未来教育"培训的教师在一篇文章中的一段话:"在主讲教师的耐心辅导下,学科教师们精心地创建自己的单元计划,不知疲倦地在互联网上遨游,真切地感受现代教育技术给当代教育带来的挑战以及来自'英特尔未来教育'新理念的强大冲击波。"从综合反映的情况看,培训带来的结果:一是学员们学到了一些新知识和新技能;二是学员们的教育理念受到了一次大的冲击,并对新教育理念指导下的教育实践有了亲身的感受。这些新理念包括:"发展为本"的教育价值观、学生自主发展的教育观、重过程的知识教学观、合作学习的理念、基于开放性资源的学习理念以及教育评价、反思性教学观等。需要指出的是,教师"未来教育"培训所带来的教育理念冲击远比其所传授的知识本身要大得多。有教师讲到,这种培训"有利于学员挖掘和发现隐含的教育理念和教学方法,从某种意义上讲,这比从培训中学到的知识和技能本身更有意义"。

3.结果说明

从上面所举的两个案例说明的问题来看,教师在学习应用现代教育技术的同时,自己的思想观念也发生了一定的变化。现代教育技术的学习与运用,不仅仅是对一种技术(或工具)的学习和掌握,如果进行科学设计和组织的话,还可以对教师教育思想观念的改造发挥其应有的作用,即起到"一带二便"的作用。但两个案例都具有一定的特殊性,而这种特殊性正是教师现代教育技术培训发挥"一带二便"作用的条件,这实际上也是我们探讨本课题的重要方面。

(四)思考与讨论

1.现实情况是否值得我们对现代教育技术培训加以特别的关注

更新教师教育观念的方法有许多,但是效果都不显著。于是人们开始把目光投向现代教育技术的学习与应用,韦钰教授指出:"为适应未来社会对人才的要求,必须加快教育改革的步伐,利用信息技术改革教育内容、方法、体系,探索新的教学模式;必须把积极应用现代教育技术作为教育改革和发展的重要动力,努力占领制高点。"那么现代教育技术的学习和应用能否对更新教育观念起独到的作用或更有效果呢?

专家指出,一项有效的旨在促进人的观念转化的培训至少应具备四个条件:(1)使学习者积极参与;(2)对学习者原有认识产生冲击;(3)能引起理性的思考;(4)使学习者感到新的思想理念有用。要做到这四点,一靠有效的组织,涉及人(培训组织者)的因素和物的条件(培训环境、设备支持等)的合理调动;二靠内容,对成人而言,既实用又能产生思想震荡的东西往往是他们最喜欢学的东西,这一点,现代教育技术具有得天独厚的优势,主要原因如下。

第一,现代教育技术已经被绝大多数教师所接受和喜欢。据有关人员对 192 名中小学教师的简易问卷调查,有 87.7%的教师喜欢或非常喜欢学这门课,这与其他的教育理论课程相比,喜欢程度是最高的。第二,现代教育技术被普遍认为是一门很有用的课程。第三,现代教育技术被普遍认为是一门可以带来新思想和新观念的学科。所以从教师的心理预期来讲,现代教育技术确实有着独特的魅力,现代教育技术培训应该成为新时期教师继续教育的突破口而被重视和关注。

2.现代教育技术培训应该如何有效发挥其积极作用

从内容层面上讲,现代教育技术确实有其自身的魅力。但是,并不是所有的现代教育技术培训都会有效改进人的观念。上面的两个案例有着明显的特殊性,对其特殊性进行分析应该是探寻运用现代教育技术更新教师教育观念(发挥"一带二便"作用)的思路和方法的一条重要途径。

(1)任何一个人,学习一门技术的目的都是为了应用。学习现代教育技术不是为了通过考试,而是为了掌握一门可以改进我们的教育和学习的先进技术。眼下的一些电脑培训和教育技术课程学习就是太过于注重考试和证书,所以收效不大。(2)不仅仅要学作为工具的现代教育技术手段,更多的是要认识和实际体验现代教育技术的思想、方法、优势和应用前景。这一点,可以说教师"未来教育"培训发挥得淋漓尽致。(3)将技术的学习整合在教育教学的实践之中。教育技术绝不是强加于传统体系上的一堆仪器,也不是在传统的程序上增添或扩大一些什么东西。只有当教育技术真正统一到整个教育体系中去的时候,只有当教育技术促使我们重新考虑和革新这个教育体系的时候,教育技术才具有价值。为了使技术革新有意义、有效果,我们必须在整个教育体系的联系中去考虑运用技术的涵义。(4)学习者在整个过程中始终处于积极的活动状态(任务驱动式学习)。

3.现代教育技术能否有效地促进教师观念的更新

技术是一种先进的社会生产力,它在社会生产领域中发挥着巨大的作用。从社会发展的过程看,每一次重大技术的发明和劳动工具的改进,都会引发社会生产领域的一场革命。那么技术是否直接可以作用于人,作为工具的现代教育技术能否直接作用于教师,用来改造教师的思想和观念呢?

技术被用来改造社会,是因为技术可以直接用于社会生产,提高生产效率,从而推动社会经济的发展;现代教育技术用来改进教育,是因为现代教育技术可以提高师生交往的效率,为学习者提供更为便利的学习条件和更为丰富的学习资源,从而为人的充分发展创造前所未有的机会。从本质上讲改造教师思想和观念也是一种教育过程,所以现代教育技术也应该可以直接用于教师观念的改造。

与未成年人相比,教师在思想和观念上更难转变,教师更注重“眼见为实”。用现代教育技术改造教师观念时,要充分利用现代信息技术本身所具有的吸引力,使之成为激励教师学习的启动器。一定要充分运用现代教育技术的多媒体性、交互性、智能化、网络化和数字化等特性,建构良好的学习环境,让教师“亲身感受”现代教育思想理论的科学性、先进性、实用性和可行性。建构主义认为,“学习者的知识是在一定的情境下,借助于他人的帮助,通过意义的建构而获得的”。理想的学习环境应该包括情境、协作、交流和意义建构。我们现在的教育,对学生学习环境的建构相对较重视,但对教师学习环境的建构却没有引起应有的重视。充分利用现代信息技术提供的前所未有的便利学习条件和强大功能,构建新的教师培训模式,这正是现代教育技术带给我们最深刻的思考。

第三章 远程教育

第一节 对远程教育教学理论的研究

一、简述

社会上许多教材以及从事教育工作的工作者,他们对教学法、行为主义及认知学习认识颇丰,但却对教与学理论的许多领域几乎全然不知。另外,把教与学理论合并起来的另一要义在于,虽然我们通常认为教学是试图导致学习的一个过程,但我们往往还是把它们分开来讨论(参见 Biggs,1999;Light and Cox,2001 inter alia),以至于不能够充分认识其全貌。由于远程教育通过时间与空间的重新排列而将教的过程与学的过程分离开来,那么这种分离保留在远程教育的思考方式中便不奇怪了。在本节中,我们将从更广泛的角度和观点重新考察教与学,以期通过更全面深刻地理解教与学的理论,使编写的远程教育材料更加充实和丰富。因此,本文分为三个部分——教、学及简短的讨论和结论。首先,我们将分析教学方法与教学风格;其次,阐述不同的学习理论;然后,笔者将根据自己的研究来说明,我们可以将所有这些综合为一种综合的学习理论,形成远程教学材料编写方式的基础(Jarvis,2003);最后,根据对讨论结果的综合,得出对远程教育人员进行培训的结论。

二、教学方法

考察和判断教学效果可以有许多方式,在这里我们主要分析两种:一是教学的任务与功能;二是不同的教学方法。比如,坎博(Kember,1997,引自 Light and Cox,2001)建议,若把教学看做教师中心或学生中心,那么教学就有五个维度:

●传授信息;

●传播结构化知识;

●师生互动；
●促导理解；
●概念改变。

社会上许多远程教育的资料都是以教师为中心的，所以，无论由谁来编写和准备，学习材料均起到上述前两种作用之一。坎博将这两种作用称之为呈现。显然，这两种情况都很难产生师生互动，除非教师与学生通过电子邮件或电话进行联系，但这使得远程教育的基础之一，即能够同时教授大量学生方面产生矛盾。因此，如果认为师生之间的对话很重要，则需要使用替代教师，英国开放大学称为“辅导教师”，而雇佣辅导教师使教学过程变得昂贵。在很多情况下，实时互动很难引入远程教育，除非通过电子手段，这对教师来说同样要花费大量时间。然而，在真实的对话情景中，学生能产生概念的或实际的变化，且会学习到很多信息与结构化知识。上述最后两种方法把教师看作促导者，强调帮助学生完成作为人的成长与发展的任务。

上面所说的坎博的研究目的是关于教师的角色与功能，而并非检查教学方法，但它的确指出了不同的教学途径。在2002年，贾维斯（Jarvis）考察了四种不同的教学方法：教授式、苏格拉底式、促导式与经验式。

教授式的方法在教育中一直是应用最广的教学方法，也是为学习者普遍接受的方法，因为他们只需记忆所呈现的材料即可。该方法依赖于教师的权威性——既有角色也有内容的权威，教师控制教与学的过程，因此，存在一种暗含的假定，即学习者的任务就是要记住要求学会的东西。但在这个越来越复杂的世界上，有很多情况是没有唯一答案的，有时是似是而非的，呈现这样的材料也是不合规矩的。格里芬（Griffin，2002）建议，既然社会变化如此之快，那么有必要在“真实生活的学习场景”中重新建构我们对教授式方法的理解。同时，在远程教育中教授式方法仍占有主要地位。

苏格拉底式的方法主要依赖于教师所提问问题的权威性，它虽然依靠权威却不专制，因为学习者可能会对问题给出与教师不同的答案。然而，布朗黑尔（Brownhill，2002）提出疑问：这种非专制性的方法是否会导致怀疑论，因为它暗示任何事物都是可以质疑和否定的，这或许在面授教学中比在远程教学中更易于避免。虽然质疑是远程教育的合理组成部分，学生经过回答一系列问题有可能会有助于发展批判性思维，但若只被提问，学习者会非常不满。在远程教育中，这种方法的弱点也是第一种方法的优势，显然，将两种方法结合起来会增强整体优势。

促导式的方法是进步主义教育所提倡的一种方法。无论是在教育内部还是外部，它都有着很长的历史。其主要原则是让学习者发现知识与技能等，结果是由学习者自己或跟他人一起发现的，发现过程不受教师的控制。这是一种更为民主的方法，广泛应用于成人教育，通过诸如小组项目研究或解决教师所设置问题的方法应用于远程教育。随着电子或远程学习的发展，目前有可能为那些经常相互联系的学生建立小组项目，因为并非所有学习者都能用电脑，所以个别化的问题的解决或许仍是更常用的方法。同时，在远程教育中，促导式方法必须与其他方法一起使用，它只能作为整体教学策略的一部分。

经验式的教育来源于这样一种思想，即教师的任务之一就是提供给学习者可以学习和反思的经验，或促进这些经验的形成。像促导式一样，这是一种进步的教学方法，一种整体性方法。尽管某些代表人物（Kolb，1984）往往将它限于知识学习，但也有人把它用于更广泛的情景，本书后面会进一步说明。其一般做法是，教育者必须清楚提供给学习者的学习材料中所包含的经验类型，并考虑他们能够创建或提供什么样的经验。此方法强调反思式学习，因为它是从已发生的经验中学习。在远程教育中使用时，可通过运用苏格拉底式方法向学生提问，使之对日常生活经验以及教学材料进行思考。

在以上所介绍的这四种类型的教育方式中，每种都包含多种不同的具体方法（Jarvis，1995），远程教育者对这些方法了解越多，使用时越易于适应远程学习模式。

不仅是教学方法，教学风格也应该受到我们的关注。

三、教学风格

如果说教学方法是关于教的科学，那么教学风格就是关于教的艺术。尽管在教学中对教学方法强调得更多，但面授教学在某些方面就是一种表演。教师在教授课程内容时，出现在学生面前并给学生留下印象。这种印象本身对于上课或参与的学生来说就是学习经验。比如，显示着权威的教师都同样传达着这样一种信息，他们希望学生学会并记住所呈现的东西，争论和讨论是浪费时间；而更民主的教学风格却传达着一种希望大家参与讨论的邀请等。以下七种教学风格可以分为两极：

- 专制相对于参与；
- 独裁相对于民主；
- 热情相对于冷漠；
- 回答相对于提问；
- 关心相对于不关心；
- 个人相对于非个人；
- 人道相对于不人道。

必须强调的是，教学方法与教学风格之间是相互独立的，谁也不能代表谁。比如,演讲可能会很民主,促导式教学却可能是专制的。因此,我们是否可以假定,教学风格在面授教学中很重要,而在远程教学中却不是很重要呢?事实并非如此,许多远程教学都是用电视和录像传递教师或演讲者的图像和内容。这种情况下,不仅可以看到教师的表演,也可以看到教学风格。另外,教学风格还呈现在文字中。例如,术语和习语可以传达特定形式的权威与期望等。因此,如同在面授教学中一样,远程教育者需要知道他们给学生留下了什么印象,采用了什么样的方式,教给了学生什么内容。

总之,教学的目的是教会学生学习,促进学生学习的进步。远程教育者不仅应当了解教学的方法与风格,还需要了解学生是怎样学习的。

四、学习理论

关于学习的理论有许多,如行为主义、认知主义、社会学习以及经验学习(Jarvis,Holford and Griffin,2003)。下面首先考察这四种学习理论,接下来探讨学习既是一种经验主义的、也是一种存在主义的现象。

行为主义理论提供可测量的学习结果,正因为如此,这种理论非常流行。宝杰和塞邦(Borger & Seaborne,1966)提出了一种关于学习的经典的行为主义定义:“任何由经验而导致的或多或少的永久性行为改变。”这种理论中存在着相当大的弱点,比如:其研究的基础有缺陷;学习是发生在人本身,而非发生在人的行为上的;该定义不合逻辑,因为行为改变是学习的产物,而学习是一个过程,两者是不同的。不过,这种理论被广泛运用并不奇怪,因为它声称能够测量学习结果。的确,我们可以看到传统的考试系统适合这种理论,因此,当远程教育者试图评估学生的学习时,我们往往只想测量认知的学习结果而不是人的全面进步。

认知主义学家们的研究更加关注学习者尤其是儿童的认知成长与发展,因而教师总是设法保证所教材料的概念水平与学习者相适合。这种理论最初假定概念发展是与生理成熟相适应的。假设成人学习者可以理解教学材料并学会它,那么,成人教育者在准备材料时就不需要考虑这一因素。现在,我们更清楚的是,在生理发展与认知发展之间不存在自动匹配,维果斯基(Vygotsky,1978)提出了最近发展区的概念,即“实际发展水平与潜在发展水平之间的差距,实际发展水平取决于独立的问题解决,而潜在发展水平取决于在成人指导下或与能力更高的同伴合作进行的问题解决”。或许在我们考虑如何准备创新性的远程学习材料时,需要更仔细地查阅维果斯基的著作。

社会学习的最主要代表人物是班杜拉(Bandura,1977)。在这里,我们对他的观点进行一下分析。班杜拉认为,所有学习都是介于认知、行为与环境之间的一种持续的交互作用。他认为学习是一个社会性的过程。现在,人们显然接受了这种理论。尽管电视承办商总是声称电视暴力并没有产生暴力行为,但这种说法显得空洞无力,其错误目前已清楚无疑。社会学习有时可能只是一种印象,但仍然是学习,这些经验所产生的结果是能改变人的。

下面要介绍的观点是经验学习,虽然经验学习近年来才开始流行,但其实它已有很长的历史。人们也许认为科尔布(Kolb,1984)广泛宣传了这种观点,但他却公正地指出,杜威(Dewey,1938)和勒温(Lewin,1951)才是更早的代表人物。这种学习理论认为,人们都会对已有的经验进行反思,并从中学习。在远程教育中,这无疑是一种极好的理论,因为教育者可以努力为学生提供经验,或促使学生思考其已有经验,然后使用苏格拉底式的方法来教学,可以就学生的经验进行提问。此方法的优势在于,如果使用恰当,我们可以让学生从经验中思考,获得情感的、实践的以及认知的学习结果。

每一种学习观点都对人类学习进行了部分解释,但每种学习理论都因其不完备而面临着强烈的批评。从某种意义上来说,很多学习理论遭到批评之处,也正是发展更具包容性理论的出发点。经验学习理论使我们比较接近于整体分析(参见 Jarvis and Parker,2004)。从上述理论中我们可以看出:

- 学习的主体是人;
- 人总是在发展的;
- 学习发生在社会情景中;
- 学习的发生是经验的结果;
- 经验可以是认知的、情感的或实践的;
- 学习结果是连续性的个人经历。

所以,我们这里需要强调的是,或许有可能将这些理论整合为一种综合的存在主义的人性的理论。在过去二十年对学习的研究中,考虑到各种学习理论及所有上述因素,学者们努力创建一种存在主义学习模式。以下模式是对某位专家关于学习的著作(Jarvis,1987)中所给出模式的修订,该书认为,学习是一种存在主义现象,而不仅仅只是发生在社会背景中的经验。

作为一种存在主义现象的学习,作者在这本书中提出了一种学习模式,并进行简要的讨论,以说明如何将其用于远程教育材料的开发中。该模式是近二十年研究人类学习得出的结果,其中作者非常仔细地推敲、精炼了自己对学习模式及学习的理解。

从这本书中我们可以看到,影响教学效果的不仅仅是教师的教学方法与风格。在一定程度上,教育者还影响着学生学习过程中认知的、情感的及行为的方面,这与我们对不同学习理论的理解密切相关。因此,所有远程教育者应能够采用多种教学方法与教学风格,来帮助学习者以多种途径进行学习。上面提到的七点教学风格都包括在这一图表中,在为学生准备所有学习内容时,都需要将其与这每一点相联系。因此,本学习模式中的每个框与箭头在我们准备个别化学习教材时都很重要。

五、远程教育发展中对教师的培训

从这里我们会知道,组织任何一种形式的远程学习,材料的准备过程都是一个非常复杂的过程,需要理解教学方法与风格,理解学习与交流的复杂性。因此,在某种意义上,这些东西对于远程教育者来说都是非常核心的,在这个极为复杂的知识与信息的世界中,远程教育者必须具备专业技能与任职资格。多年以来,人们公认学校教师需要培训,最近,人们认识到大学教师也需要学习更多有关教学科学及艺术的知识。这里讨论的是,从事远程教育的人们同样存在这样的需求,而且不仅需要对这些从业者进行职前培训,还要进行在职培训。进行远程教育的高等院校不仅应当引入这种培训,而且还需要研究、考查远程教学与远程学习的最好方式,进而鼓励在该领域开展更深层次或研究生层次的研究工作。

许多人认为,我们需要确定很大的研究项目,需要巨额的财政资助才能这样做,笔者并不认同。我们应该鼓励进行大量的实践研究(Jarvis,1999),在教学过程中,在兼职基础上开展研究。在教学过程中增加过多的研究,就会引入过多的评价,这样是危险的,但可以设计出某些富有创造性的方法,以形成对教与学过程的更深入理解。

六、结论

远程教育的发展过程正处于从传统的印刷方式向电子方式的转变过程中。在这个转变过程中,有许多创新的机遇,这也正是我们认真对待远程教学与研究需求,同时着手提供专业资格训练的好机会。具有激发性的教学内容需要教育者具有充分而广泛的教与学或交流技能才能实现,这样一来,由那些不具有这些技能的教育者所准备的教学材料就不会再出现了。

第二节　国外远程教育的发展

在这里,我们主要介绍具有典型意义的美国。

一、简介

在美国的众多高等院校中,有四千多所高等院校有权力授予学生学位,它们大多以各种不同的方式为学生提供服务。尽管最受欢迎的教学方法仍然是面授,但在2001年全美约90%的公立高校均提供电子媒体的远程教育课程,相对于1998年的70%有了很大提高。但私立院校提供远程教育课程比较少(两年制私立学院有16%,四年制私立院校有40%)。这也许是因为,从公立院校本身的任务来说,希望涵盖更多的所在州的人口。在进一步讨论远程教育问题及活动之前,首先解释一下美国的高等教育结构。因为了解远程教育的背景对于理解某些问题产生的原因是非常重要的。

二、美国高等教育的结构

美国的高等院校大多处于相当自治的状态,即便是形式上部分属于州立院校系统的一些院校也是如此。公立高等院校自立制定除学费标准以外的各种政策。在2000年的1530万高等教育注册学生中,有1170万是公立院校学生,另外310万是非赢利性私立院校学生,45万是赢利性院校学生。因此,绝大多数美国学生上的都是公立院校,这些公立院校都是由本州资助的。美国没有全国性的高等教育系统,而是50个不同的系统,各自拥有独立的投资和管理结构,这就意味着远程教育在各州的发展是不同的,每个州独立决定其院校对学生的服务收费标准。几乎每个州都会对州外学生收取附加费,背后的原因要追溯到一个州投资高等教育的基本原则,那就是要服务于本州公民。许多州立大学在某些特定的学科领域非常有名,因此吸引了来自全国甚至全世界的学生,这些学生则需要支付州外学费。这对于任何州立院校在争取远程学习生源的能力上都成为一个实际问题。无论服务于一个远程学生的实际成本如何,院校都要受到一种收费结构的限制,而这种收费结构却是为(与远程学习)完全不同的教学环境设立的。还有一个很重要的情况要说明,大多数州都有多种类型的高等教育院校,每个州至少有一所研究型大学。多数州还有一些其他类型的大学,这些大学最初肩负的使命不同,而现在已经向研究型院校转变。历史上,这些使命通常是培养师资、服务城市居民或是工艺学校等。另外,各州还有社区学院,提供两年制学位,并允许学生转到四年制大学。除了普通教学计划外,社区学院还提供一些更加实用的与就业直接相关的计划,如电脑维修技术、实用护理等。这些社区学院对服务于低收入学生、在职成人,或抚养孩子后重返校园的母亲们起到了非常重要的作用。

三、远程教育的发展

20世纪80年代,有两个项目的出现对于促进人们认识远程教育,发展高等教育院校在远程学习方面的专业知识起到了很大影响。

第一个项目是美国公营广播系统和 Annenberg/CPB 项目。这两个并列性机构开发和播出了电视课程,这些电视课程服务于许多校园,学科内容是普通教育核心课程的一部分,这是所有想要获得大学学位的学生所必需的,即历史、统计学、心理学。学生可以注册进入某个本地学院(通常是社区学院),获得辅导教师及其他支持服务,然后收看当地公营广播系统 PBS 电视台播出的视频材料。

几乎同一时期在美国许多州有线电视轰轰烈烈地发展起来。社区与有线电视提供者达成协议,很多高等院校都被授予有线电视频道,用于教育目的。这些教育频道往往是给那些不太可能到校园接受教育的社区成员提供学习的机会。这种频道播出校园信息、当地制作的教学节目或精心制作的电视课程。随着此通信网络在各州校园里发展起来,一些协会或联盟相继成立,以集中资源开发多种课程的高质量的视频及支持材料。这些协会或联盟中有些是州内的,有些是区域性的。有几个协会现在仍然存在,且还在制作电视及网上播出的材料。

另一个项目是 20 世纪 80 年代在美国出现的国家技术大学(NTU)与教育电视定点通信业务(ITFS),可以为全国的高等院校所利用。NTU 将使用 ITFS 频道的多个工程学院的教学计划联合起来,允许学生在不同地方参加学习进修,以获得更高学位。这样,如果一个学生在马里兰州开始攻读研究生(美国的东海岸),但在公司委派他到加利福尼亚州(三千多英里以外)承担新的工作时,也能够不间断地继续完成学业。随着参加 NTU 项目的高等院校积累了电视教学的知识和经验,学会了如何支持远程学生学习,他们开始在其 ITFS 网络上提供其他研究领域的教学计划。

高等院校在发展过程中,不断聚集远程教育资源,逐步积累专业知识。在这个过程中,资金也划拨到该领域。20 世纪 90 年代,美国联邦政府设立了几个竞争性的拨款项目,以鼓励高等院校使用技术来扩大招生范围,把生源扩展到那些传统高等教育不能接收的人群,如家庭妇女和在职成人等。一些慈善基金会也为服务此类群体提供了资助。

这类资金成为那些以前没有参与上述项目的高等院校发展远程教育的一种动力。当时学生选择远程学习是觉得方便,原因是他们全职或兼职工作,或距离校园太远不易到校上课。另外,在某些情况下,如人们失业后需要找工作时,整个社区都鼓励高校来传播课程。当时最受欢迎的学习领域是实用性领域(商业、电脑技术、犯罪学等)和一般的兴趣性课程(艺术欣赏、外语等)。

远程学习课程作为一门特定学科,它的开发使得大学教师也学到了新的技能。另外,学生支持服务也更加适应学生需要,它为那些到学校排队接受咨询或辅导的学生提供了满意的支持服务。整个学校的运作方式也开始改变了。到20世纪90年代中期,当因特网和万维网普遍存在时,很多高等院校已经知道如何使用音频和视频进行远程教育了。

四、远程教育发展过程中的问题

(一)质量不能保证

众多高等院校在提供远程教学的过程中不断竞争,他们在相互竞争生源时,首先出现的一个问题便是质量保证问题。学生如何判断在网上看到的课程广告是否合法,是否能够满足其需要呢?州政府如何才能保护其公民不被欺骗呢?对这些问题有两个方面的解决方法,一是必须唤起消费者意识,二是需要政府制定相应的政策。下面我们主要从政策问题着手讲述远程教育在一定程度上的质量保证。

在美国,大部分州都设立了州政府高等教育行政办公室(SHEEO)。最初创建这些机构是为了监督高等教育院校对公共基金的利用。这些机构在各州以不同的形式出现,有些对高等教育开支拥有预算控制权,有些则更多地起到协调作用。无论SHEEO的具体形式如何,这些机构总是试图减少不必要的项目重复,维持本州居民所享受到的高等教育质量。对于远程教育来说,多数州都是依赖于地区性的认证协会,这些协会成立于一百多年前,分别是由临近州结合而成,每个协会独立运行,由其成员院校来管理,它们建立认证标准,每年度考查一次获得认证的所有院校。2000年,通过地区认证协会委员会理事会(C-RAC),所有认证协会准备对远程教育机构采用相同的考查标准。他们求助于西部教育远程通信合作组织(WCET)为其开发这些标准。1996年WCET已经开发了一套关于以电子方式传递的学位及证书项目的良好实践标准,这些标准被美国及国际认证机构所广泛接受,新的地区认证协会委员会理事会的标准(C-RAC)即基于此。

这些标准的制定,目的是为决策者评估远程教育院校时提供指导,并为院校设计其远程教育项目时所使用。其中包括对院校任务、教师、学生及技术问题等各个范畴的规定。在这些标准中,最重要的一个方面是院校对其远程学生的责任。以下概括地描述了这些责任:

●为公众提供有关学习计划的真实信息。这意味着院校应真正履行其承诺。

●学生必须具备足够的初始技能才能参加一个学习计划。院校应明确告知学生,要成功完成一个学习计划应具备哪些学习的和技术的能力。

●学生必须能够获得必要的学习支持。若学生需要获得专门的图书馆资源来完成学习计划,那么院校就有责任保证学生能够获得资源。

●学生必须能够获得院校信息,能够与院校内包括教职员工及其他学生等人员进行交流。

以上所提到的这些服务项目综合起来,反映了对一个院校应该如何支持其远程学生的要求。如果一个院校的远程学习计划被其地区认证协会所承认,那么该州政府办公室通常也会承认其质量。

对于一个潜在的远程教育学生来说,远程教学的质量也许还有其他更个别化的方面。人们很难知道应该向一个教学提供者问哪些问题,也许他们还不容易理解需要具有哪些技能、技巧才能成功地学完某一门特定课程。为了有助于解决质量保证方面的这些问题,WCET 在 1999 年写了《远程学习者指南》(Distance Learner´s Guide),并在 2004 年做了修订。该书旨在帮助那些想要参加远程学习课程的人们懂得如何评价远程教育提供者。对于潜在的学生,存在许多选择的机会,重要的是让他们有能力做出更好的选择。

上面提到了许多关于质量保证的方法,所有这些办法都没有真正说明如何制作一门高质量的远程学习课程。目前美国正在进行几个项目,以开发课程标准。参与这些项目的人们已经认识到此项任务非常艰巨,因为不仅要考虑学科内容的质量,而且要考虑学生的学习兴趣选择,考虑利用不同技术、不同方式进行远程教学,还要考虑学生之间的文化差异等。几年后我们才能知道这些项目的结果如何。

(二)学生的流动性

在十多年前,许多美国学生就开始在多个院校上课以获得学位了。到 1994 年,那些 1989 年进入大学的学生中几乎有半数注册了一个以上的院校。克里夫·艾德曼(Cliff Adelman,美国教育部研究员)在几年后调查了全国的成绩单数据,发现那些最终获得学上学位的学生中 54%在两个以上院校学习过,19%在三个以上院校学习过。他还发现多例学生同时在多个院校注册以及多例从四年制到两年制院校的“反向转学”("reverse transfer")现象。这种趋势被称为涡流现象("swirling"),学生从中“盘旋”的院校之间甚至可能互不了解。这种现象很难跟踪,因为多数关于学生在高校注册行为的数据来自学校,而不是来自学生。但这种趋势看来在最近几年内不太可能减缓。

学生在多所学校上课后,希望自己挣来的所有学分都记入学位课程。一般情况下,学生或家长区分不出社区学院和研究型大学所提供的微积分课程之间有什么区别,但教师却认为有区别。有些传统院校的教职员工认为,要获得学位,学生所上的课程就必须按所设计的那样相互衔接,这就使这些传统院校面临挑战。多数院校并没有预料到这种新的消费者导向的选课方法已经广泛地被当今的大学生们采用,而且因远程学习机会的增多而更加可行。

在这种情况下,美国的学生好像开始成了教育的消费者。他们购买适合其需要的最好的教学。但是院校仍然基于学时来计算学位课程,很多院校仍不太容易接受学生在其他院校所修的学分,原因在于很多院校假定,某特定课程总是以特定的方式写入并适应课程计划的。伴随这种假定而来的是这样一种观念,即无论谁教这门课,只要这位教师属于设计该课程计划的同一个部门,那么都会适合。由于这种观念在一定程度上具有正确性,就使得学生难以利用其他院校所提供的远程学习课程。基于这一原因及其他几种原因,著名的评估研究员彼得·尤尔(Peter well)和克伦·保罗森(Karen Paulson)已经在争取建立一个更完善的"学习结果"体系,也许可以有助于解决这一难题。使用学生学习结果的度量标准不是只看上课时间,这可能会是保证教学计划质量的一种更进步的方法。

(三)远程教育的投资与竞争

很少有学校或相关部门真正认真计算过远程教育需要花费多少资金。随着远程教育从学校外围纳入学校整体活动的一部分,行政管理人员的确需要了解它的成本了。在与来自美国全国高等教育管理系统中心(NCHEMS)的丹尼斯·琼斯(Dennis Jones)的合作下以及美国教育部中学后教育进步基金(FIPSE)和安德鲁·梅隆基金会(Andrew Mell On Foundation)的支持下,WCET创建了技术成本计算方法论项目,其分析框架已在二十多种高等教育背景和一个虚拟中学经过了试验性测试。材料包括一本手册、一本个案记录簿及一个制表器,用它可以输入数据,产生不同的成本计算方案。所有这些资源都可以通过无偿下载获得。它对于学校考查各系各部门成本,对于州政府考查各院校成本极具价值。

假如各个院校认识到其当前的远程或在线学习实践实际成本的数额时,这种认识便开始驱动决策。从这些成本分析中获得的最明显的发现是,用于在线教学和学生支持的各种任务与活动的人员类型是一个对成本影响最大的变量;用于远程学习计划的特定技术,仅当它们影响人们的使用方式及习惯时才成为成本的重要因素,技术的实际成本对一个教学计划的全部成本影响很小。在美国高等院校面临压力,需要对州政府投资者更负责任时,这种成本计算及发现可能会很有用。

与此同时,美国远程教育的另一个重要发展也与成本有关系,这就是开始形成联盟,共享资源。在很多SHEEO办公室,人们试图分析公立院校是怎样进行远程教育的。目前,尚没有已经证实的模式可以遵循,以保证公用基金真正以最明智的方式用于服务本州居民,但的确有许多方面已经受到关注。

一些新的方案和策略正在州一级院校和政府形成,这反映了现实的成本状况。有些州的 SHEEO 员工开始认识到,不能允许公立院校相互竞争"远程学习市场",州政府领导人开始创建非竞争性策略,以分配远程教育的州政府投资。在南达科他州和蒙特纳州设有一些激励性的基金,用于那些在开发远程学习项目时包含校际合作的项目。在德克萨斯大学系统,有八个校园已经联合起来创建一个学位计划,这些校园以前处于相当自治的状态,常常相互竞争学生与资金。由于这些学校没有一个能够独立提供完全的远程学习的学位计划,于是他们都与系统人员合作,把一系列课程的设计与教学分解开来,最后共同形成学位计划。学生可以在任一校园注册,但在完成学位之前必须在每个不同的校园学完相应课程。其他州也采取了相似的办法——因为远程学习课程在本州的各个院校里是不重叠的,但德克萨斯州的计划是最具综合性的计划之一。

此外,还有一些全州范围的信息化联盟开始在大学和社区院校范围内形成,这些联盟的设计思路是允许分摊部分远程学习计划的行政管理开支。没有一个联盟要求院校放弃其学术自治性。这些联盟不直接参与学术活动,而只是作为一种交流平台或媒介,有助于对整个行政管理框架中的某些方面进行共享。肯塔基州、密歇根州、亚利桑那州、乔治亚州、俄亥俄州、华盛顿州、科罗拉多州、南达科他州、俄勒冈州等都有类似的机构。

而且,新的投资模式也开始涌现,它们既承认投资院校,也承认接受院校的成本。目前大多数投资都集中在远程学习材料及课程的开发上,但当你着手考查学生支持的实际费用时,若该教学辅导环境使用的是从别处引进的知识内容或课件,那么你就必须认识到"接受"院校也有成本。很少有模式考虑到分摊这些成本,但俄克拉荷马州恰好正在实施这样一个系统或模式,而且其他好几个州都在密切关注其结果。俄克拉荷马州的系统使得院校能够接受州政府提供的资助,用于其责任区内的学生——这种责任区是根据地域划分和定义的。责任院校为学生提供的可能是从别处引进的课件,但学生支持却是由当地的教职员工直接提供的,这种情况已经被州政府所认识并得到了补偿。虽然按照地域分派形成责任区可能看起来与分散的学习活动相违背,但这却是跨越服务区的第一步,因为服务区是一种受地域所限的系统,其中某院校只能服务于指定区域的学生。

很明显,学生对于来源于各地区的远程学习课程的使用能力,对于美国传统的高等教育投资和管理办法的确形成一个挑战,但新的政策也正在探索中。

(四)良好的学生支持

随着社会的发展和进步,越来越多的网上教学材料开始出现,学生开始根据所提供的服务与支持来辨别院校的优劣。在美国,学生构成比以前任何时候都更具有多样性,同时学校也在改变其课程计划、活动范围及服务来更好地满足他们的需要。大学生的平均年龄提高了,而且也不一定来自中上层社会的家庭,还可能来自各种不同的民族和种族背景,可能具有非常广泛而不同的学习能力与素质。在校园里,"互联网一代"开始出现,其中很多人有兼职工作,如年龄比较大的学生,他们希望课堂及服务能够更加适应他们的时间安排。

学生对网络的需求和使用促使各个院校为他们提供随时随地可得的课件和教学服务。但促进远程学习发展的不仅仅是学生需求,一些美国高校如杨柏翰大学的爱达荷州校区和新泽西州的费尔雷·迪克森(Fairleigh Dickinson)大学等都相信,能在网络环境中学习对于学生为将来的生活和工作做好准备非常重要。这两所学校都要求学生必须完成在线课程才能毕业。

如同早期的远程教育一样,网上远程学习管理者们正将其为学生服务或某些环节网络化,以符合学生的需求。这对于院校来说是一项非常庞大的任务,它要求院校检查其当前运行机构的方方面面,还要帮助教职员工发展新的技能。正如帕特丽夏·希(Participate)所指出的,这需要经过一系列不断发展完善的阶段才能实现。这些阶段一般表现如下:

●第一阶段是一组静态的信息呈现网页作为大部分的服务,并提供一些寻求帮助的指导信息。这使得网站的访问者能够了解到可获得哪些服务。

●第二阶段是增加互动形式、自我评估工具及电子邮件容量。这使得学生能够将网站用作一种交流工具,以获得教职员工的帮助。

●有些院校已发展到下一阶段,即可以提供一些与学生一对一的个性化服务。学生可以访问自己的学习记录,并可以在自己的个人主页上定制这一信息的呈现。

●有少数的院校已经达到再下一个阶段,即使用万维网门户来建立兴趣社区或群体,建立学生与院校之间的持续发展的关系。

万维网的发展使得高等院校能够根据人们的需要,以全新的技术来支持远程学生的学习。这不是一种简单的转变,这仅仅是开始。为了帮助院校规划者完成使校园能够以电子方式服务于学生这一富有挑战性的任务,WCET已经创建了几种与提供在线学习支持相关的产品。在FIPSE的支持下,我们在网上创建了在线学生服务开发指南(Guide to Developing Online Student Services),使得用户可以在网上学习体验到许多种实施有效的在线学生支持的解决方案。我们还归档保存了很多网上内容,讨论以各种方法为在线学生提供特定服务。

在威廉与弗洛拉·惠普(William and Flora Hewlett)基金会的支持下,

WCET已经开发了一种可免费获得的基于网络的决策工具,使院校决策者能够在不同的学生支持问题解决方案之间进行对比、选择。除了学生支持服务产品外,这种网络工具(Network Tool)还包括课程管理软件数据库及院校有关技术换代的政策等。

(五)混合课程计划

有人曾经对通过网络提供远程教育的传统院校进行过非正式调查,结果表明绝大多数在网上学习的学生同样在校园里学习传统课程。换句话说,这些学生发现,他们有机会选择适合其日程安排的最好课程。一些教授们在网上播出其讲课内容,因此学生可以选择面对面听课,也可以选择在电脑上实时观看上课内容,还可以选择多次观看同样内容的存档版。网络对于教师或学生都不再是新工具了。

随着社会的发展,用于远程学习课程的技术发生了一个有趣的改变,即将以电子方式传递的材料整合到了课堂教学中。当利用这些远程学习工具来重新设计校园课程时,有证据表明,学生可以用更少的花费获得更好的服务。皮尔慈善信托企业(Pew Charitable Trusts)曾资助了一个五年的项目,其中从几个不同院校取得的数据给人留下了深刻印象。例如,维吉尼亚技术大学工程学院创建了一个数学商场(Math Emporium),在这个商场里,所有工程学新生都可以学到初级数学课程。此商场是一个拥有多个电脑工作站的巨大空间,在这里,可以为学生提供24小时服务,学生以自己的步调来学习课程材料,但有助教可以回答他们的问题。以前,所有数学课程都是在传统课堂中面授的。数据表明,几年后更多的学生成功地完成了课程,他们在期末考试中成绩更好,且每个学生所用成本也比以前的老方法更低。

(六)知识产权政策

随着社会的发展,远程学习及电子方式学习材料的使用越来越普及,审查知识产权政策对于美国高等院校来说越来越重要。在传统的面授课堂中,授课教师通常要自己准备所有的讲稿及学习支持材料,但在开发高质量的远程学习课程时,常常会有团队的集体参与,这种团队很可能包括多个教师、教学设计者、技术专家等,这就对一门课程传统的知识产权观念产生了质疑,谁拥有最终产品的知识产权?谁有权决定课程材料应如何使用才合理?目前有多种模式可用于学校解决这种难题,其中有些对个别院校更适合,但每个院校都应该有一个基本的政策,使其所有社区成员都赞成。比如,德克萨斯大学电子校园的专业人员帮助学校的教师设计其远程学习课程,教师拥有著作权,但同意学校使用该课程;在马里兰大学的学院,团队合作创建一门课程,而学校拥有所有材料的版权。

针对这个问题,斯坦福大学法律学院建立了一种新方法,此项目称为创造性工作公约(Creative Commons),主要是在一个网站上有许多网上材料的使用“许可条款”,此方法是要鼓励万维网所允许的协同创作。这些许可包含以下条款:

●归属。任何人都可以使用所发布的材料,但必须承认是原作者的创作。

●不可用于商业用途。材料可以用于个人或教育目的,但若有任何人想生产商品,必须与原创者协商。

●不可改写作品。任何人都可以使用发布的材料,但不能在原作基础上创建新产品。

在这个过程中,创造性的工作公约和条款使得教师能够在一定程度上控制他们所创作并发布在网上的材料。WCET 将创造性工作公约条款用于其所有网上资源。

(七)新的进展

当然,并非所有的美国高等院校都为学生提供完全的远程学习学位计划,有些院校考虑远程学习的思路是不同的,最著名的例子是麻省理工学院的开放课件项目。麻省理工学院的教师认为,远程学习还意味着材料可以被其校内或世界上的任何其他教师所自由共享。他们也正是这样做的。

此外,还有一个相关的项目,是德克萨斯州赖斯大学进行的,被称为联通库(Connexions)。这是一个网上知识库,收藏由教师创建的课程材料,并可以为其他教师所使用。材料可以是讲稿、模型、书本的章节或任何其他对教学有价值的东西。联通库还包括可以自由获取的课程开发工具,同时联通库使用创造性工作公约许可条款。

上面所说的这些项目是所谓“开放教育资源”运动的一部分,这种运动正在不断发展。我们知道,与完全的远程学习计划相关的最大花费涉及对学生的非学术性支持,因此,那些不打算承担远程学习支持任务的高等院校教师就将其课程材料通过网络提供给其他人,由使用者自己来选择使用。

五、小结

调查表明,美国远程教育众多高等院校的发展采取的是一种很随意的方式,各个院校自行选择其服务远程学生的内容方式。由于联邦和各州政府的鼓励措施,以及慈善机构的捐赠基金,多数公立院校目前都在提供某些远程学习课程,他们主要使用电子工具来服务学生,包括网上视频、音频和文字以及其他发送系统(电视、邮寄 CD 等)。

过去,课堂上通常采用的是面授教学的方式,而且所有学生都是直接从中学升上来的年轻人,在这种情况下建立起来的许多政策和实践,受到了目前远程学习活动的挑战。美国的决策者正在设法寻找一个平衡点,既要保护公众免受恶劣实践的危害,又要鼓励高校以新的方式为新的学生群体服务。

上面所说的所有这些远程学习活动以及以电子方式提供良好服务的成本费用都导致一个结果,那就是发展联盟。有许多正式的联盟在院校或州一级形成,并担任着领导角色。另外,个别的机构员工也在其研究领域内组成非正式联盟。因此,只有在全美国甚至更广泛的范围内达到最终协作,才能够真正增加学生的学习机会。

六、反思

约翰斯顿博士的文章主要描述和分析了美国普通高校中开展远程教育的最新发展、面临的问题、进行的研究以及采取的策略,尤其是她主持的美国西部教育远程通信合作组织(WCET)所做的贡献,如建立远程教育机构的质量保证标准,开放开设远程课程的成本计算方案的软件,等等。约翰斯顿博士探讨的随着远程教育领域进入成熟期带来的一系列问题,也正是我国远程教育,尤其是网上教学发展面临的重要研究课题。她在文章中介绍和分析了美国的经验和教训,对我们探讨同类问题有着重要的启发意义。

首先,关于发展远程教育的质量保证问题。在提供远程教育的高等院校竞争生源时,远程教育的质量保证便是首要的问题。在远程教育市场化还不成熟的时候,国外远程教育课程存在着严重的鱼目混珠现象,甚至出现打着远程教育旗号的伪劣课程,例如,美国皇后大学称,它的远程课程学习在世界上任何一个地方,只需要一年的非全日制学习就能完成学士学位的学习。在美国的 Farington 大学的网页上这样写道:"没有书本,没有课程,不用考试,不用学习,就能取得学位"。更有不择手段的"大学"利用国际教育协会的声誉卖学位。例如,在美国的 Amstead 大学的网页上清楚写明:"如果有三年有关工作经验的中学毕业生,交费 119 美元,可以换得大专文凭;如果有三年有关工作经验的大专毕业生,交费 149 美元,可以换得学士学位;如果有两年有关工作经验的本科毕业生,交费 179 美元,可以换得硕士学位;如果有两年有关工作经验的硕士毕业生,交费 199 美元,可以换得博士学位"。并在"鉴定"一栏中说明这所大学是"国际远程教育理事会"(ICDE)的成员并经过了国际教育认证理事会(CIEA)的鉴定。我们发现,只要付会员费就可以加入这些组织,并不需要认证。国外远程教育的混乱局面必须引起我们的充分警惕,防止我国的学习者受到伪劣的远程教育课程的欺骗。在我国的远程教育领域中,虽然教育质量在一定程度上得到保证,但远程教育招生广告上对学习者的"承诺"不能"兑现"的现象还是广泛地存在,例如,有的教学点缺乏良好的学习支持服务、合格的辅导教师等,这些都需要建立一定的规范、标准以及监督机制。

约翰斯顿博士所在的研究机构建立了教育机构在进行远程教育中对学习者的责任标准,这有助于学习者在远程学习中得到最基本的学习支持服务。然而,这还是远远不够的,远程教育的质量保证应该是一个整体的、动态的、发展的系统,它需要远程教育过程中每个环节上的质量保证,这至少包括以下九个环节:教育管理的质量保证;专业设置的质量保证;课程开发的质量保证;技术运用的质量保证;教学传递的质量保证;学习支持的质量保证;学习资源质量的保证;成绩评估的质量保证;参与人员的质量保证。目前,我国有的远程教育机构尝试引入了IS09000标准进行质量保证,这是属于远程教育中管理层面上的质量保证,然而,教育管理的质量保证只是起到提高管理质量的作用,而不能保证最后远程教育产品的质量。只有作好远程教育各个层面上的质量保证,才能最终保证整体的教育质量。

其次,关于发展远程教育的成本效益问题。远程教育尤其是采用网上教学形式的教育工作者,越来越感到基于网上教学的昂贵费用,在网上教学中,技术只是影响网上教学成本的因素之一,而最大的因素往往是学生支持服务,这是许多网上教学投资者最初没有预想到的。纵观国际上一些大型的网上大学,目前大部分都处于亏损的境地,如英国网络大学(UKEU)亏损了近两千万美元,再如哥伦比亚大学、纽约大学、坦普尔大学、芝加哥大学、墨尔本大学等开发的期望赢利的网上课程都损失了至少一千万美元。他们预料不到的是学生支持服务的昂贵、进入海外时的语言和文化的限制、与普通高校的学位不等同等问题。这些网上大学的管理者和投资者正在总结经验,准备东山再起,网上教学也将可能从低谷再次走向新的高潮。

最后,关于在普通高等院校中面授和网上教学的整合问题。在越来越多的普通高校,网上教学已经或者正在融入面授教学中,如网上学习资源、网上互动等,优质网上课程可以被大量的学习者所共享。这种教育的国际趋势将带给我们一系列的挑战,例如,如何进行资源的开发、资源的质量保证及建立共享机制?如何制定"开放教育资源"的知识产权政策?如何进行面授和远程教育的整合?怎样确定院校之间的学分互认机制?如何加强院校之间的合作和良性竞争?这些都是远程教育领域面临的亟须探讨的主题。